謎解き　ギリシア神話

吉田敦彦

青土社

謎解き　ギリシア神話　目次

第一章　古代ギリシア人にとっての女の謎
——水の中の火だったパンドラと女たち　9

第二章　ギリシア人にとって謎の国だったエティオピア　41

第三章　戦士にとって「奸計（アパテ）」が必要だったことの謎　69

謎解き　ギリシア神話

第一章

古代ギリシア人にとっての女の謎

――水の中の火だったパンドラと女たち

（1）プロメテウスの策略

紀元前七世紀からビザンチン時代の紀元後一〇世紀までの作品四千余編を集めたギリシア語で書かれた短詩の集成である『パラティン詞華集』に収められた二編の短詩（第九巻、一六五、および一六八）のなかで、四世紀のアレクサンドリアの詩人パラダス（Palladas）は、女が男を燃やして苦しめ老いさせる火であることを、こう、歌っている。

女、それは火の代償として蒙ることになったゼウスの怒り。
火と引き替えに与えられた、忌まわしい贈り物だ。
男を心労で燃やし、弱らせて、
若い男も、たちまち老いさせてしまう（一六五）

ゼウスは火の代償として、別の火である女たちを、われわれの伴侶とされた。

女も火も、どちらも無ければ、どんなにかよかったのに。
火はそれでも、速やかに消せるが、
女は消すことのできぬ火で、いつも激しい火勢で、燃え盛って止まない。（一六八）

パラダスはここで、女は火の代償としてゼウスから与えられた、忌まわしい怒りの贈り物だとも、火の対価としてゼウスが人間の男の伴侶に定めた、火そのものよりもはるかに始末に負えぬ、もう一つの火だとも言って慨嘆しているわけだが、このことは言うまでもなく、ヘシオドスの二篇の叙事詩『神統記』と『仕事と日』に歌われた、プロメテウスの神話に基づいて言われている。それによるとプロメテウスが、人間に神々よりもよい運命を与えようとして彼に対して仕組んだ、悪巧みに対して激しく立腹したゼウスは、火を隠して人間に使うことができなくしてしまった。そのことは『仕事と日』では五〇行に「そして彼（ゼウス）は、火を隠した（クリュプセ　デ　ピュル）」と言われ、『神統記』では五六二～五六四行に、より詳しくこう語られている。

そしてこのときから以後、彼（ゼウス）はけっして、この悪巧みを忘れず、
地上にすむ、死ぬべき人間たちのために、

とねりこの木により、疲れを知らぬ火の力を、与えなくなったのだ。

『仕事と日』には、神々と人間の区別がまだ曖昧だった太古に地上に住んでいた、黄金の種族の人間たちのためには、「豊穣な大地が、有り余る豊かな実りを、自然に産出した」（一〇七〜一〇八行）ので、「あらゆる良いものがあった」（一〇六行）と言われている。つまり太古には、欲しい物は何でも大地から、草木が生え果実がみのるように自然にふんだんに産出されたので、人間は労苦も疲労もせずに要るものを、自由に取って来て使えばよかったというのだ。『神統記』にゼウスが、「死ぬべき人間たちのために、とねりこの木により、疲れを知らぬ火の力を、与えなくなったのだ」と言われていることの意味はそれ故、このときまで人間は、天上で火勢が衰えることも消えることもない不滅の火を持っているゼウスが、地上の人間にも与えてくれていたその火を、とねりこの木から実を採るようにして、取って来て使っていた。ところがプロメテウスの悪巧みに対して立腹したゼウスが、その状態に終止符を打って、火を人間の手に入らなくした（つまり『仕事と日』に言われているように、「隠した」）ということだと思われる。

そうすると、よく知られているように、このゼウスの措置に対抗してプロメテウスが、ゼウスが人間に使えなくした火を、天上から盗んで来て人間に与えてくれ、それで人間はまた、火を利用することができるようになったのだとされている。

ヘシオドスによれば、『神統記』の五一一行で「多彩に変応するメティスの持ち主（ポイキロン　アイオロメティン）」と呼ばれているように、古代ギリシア人がメティスと呼んだ、臨機応変の機知を持ち前とする神のプロメテウスは、そのメティスを働かせて、火をナルテクス（大ウイキョウ）という植物の茎の中に隠して天から盗み出した。ナルテクスはサンケイ科に属する植物で、茎の内部に繊維質の乾いた芯を含んでいて、その芯に点火すると火は茎の内部で長時間にわたって燃え続けるが、そのあいだ茎の外皮は瑞々しい緑色のままで燃えない。それでこの性質を利用してプロメテウスは、そのナルテクスの茎の内部に火種を隠すというまさに当意即妙なやり方で、ゼウスの炯眼にも見破られずに、天からの火の窃盗をまんまと果たせたというので、そのことは『仕事と日』の五〇～五二行に、こう歌われている。

それ（火）を、イアペトスの立派な息子（プロメテウス）が、
そこでまた人間たちのためを計って、賢明なゼウスのもとから盗んだ。
うつろな大ウイキョウに入れることで、雷を楽しみとするゼウスの目を逃れて。

このことはとうぜん、ゼウスを激怒させた。『神統記』五六五～五六九行には、プロメテウスがこのやり方で火を盗み出して人間に与え、それに対してゼウスが憤慨の極みに達したこと

が、こう歌われている。

しかしイアペトスの立派な息子は、彼（ゼウス）を欺き、
疲れを知らぬ火の遠目にも著しい輝きを、うつろな大ウイキョウに入れて、盗んだ。
そして彼は、高空に雷を鳴らすゼウスの心に、深い咬み傷を与え、
その愛しい魂を、憤激させた。
彼が人間たちのあいだに、火の遠目にも著しい輝きを見たときに。

それでこのことに怒ったゼウスは、このまさにプロメテウスならではの絶妙な才覚（メティス）のおかげで、火をまた持てることになった代償として、火の代わりに、人間の男たちに逃れることのけっしてできぬ、究極の災いを与えることに決めた。そして『仕事と日』の五四～五八行によればそのことを、この窃盗によってまたゼウスの鼻を明かしたと思いこみ、有頂天になっているプロメテウスに対して、こう宣言したとされている。

世に卓越した知者である、イアペトスの息子よ、
火を盗み、私の心を欺いたことで、君は悦に入っているが、

それは君自身にとっても、また将来の人間どもにとっても、大きな災禍なのだ。
彼らに私は、火の代わりに、災いを与えるだろう。
それを彼らはみな、心から喜び、自らの災いを腕に掻き抱き、鍾愛するのだ。

(2) 最初の人間の女、パンドラ

そしてその火の代わりの災いの製作に、ゼウスがすぐに取りかかったことは、『神統記』の五七〇行に、「それで彼(ゼウス)は火の代わりになる災いを、人間たちのために作った」と歌われている。ゼウスが火の代わりに作ったという、その人間の男たちにとっての究極の災いこそ、人間の女にほかならない。ゼウスはそれですぐさまオリュンポスの神々に、協力して人間の女を作るように指示したので、そのことは『仕事と日』の五九〜六八行に、こう歌われている。

こう言うと、人間どもと神々の父は、高笑いした。
そして彼は、その名も高いヘパイストスに命令した。

大急ぎで、土と水を混ぜ合わせた中に、人間の声と力を入れ、
不死の女神の容姿とそっくりに、
美しく愛らしい、処女の形を造れと。
またアテナには、この処女が見事な布の織れるように、機織の技を教えよと。
また黄金のアフロディテには、魅力と、苦しみをもたらす情欲と、
四肢の力を挫く憂悶とを、その頭に注ぎかけよと。
そしてその内部には、犬の心と、盗人の性を入れよと、
ゼウスは、使者であり、アルゴスの殺害者である、ヘルメスに命じた。

神々はそこでさっそくこの命令に従って、それぞれが指示された通りに粋を凝らして、最初の人間の女をゼウスが計画した通りに作り上げた。そしてでき上がったその女にヘルメスがすべて（パン）の神々からの贈り物（ドラ）であることを意味する、パンドラという名を付けた。そのことは『仕事と日』の六九〜八二行に、こう歌われている。

この言葉を聞くと、神々はすぐさま、クロノスの子であるゼウスの言い付けの通りにした。
名高い曲がり足の神（ヘパイストス）は、ただちに土を取って、

つつましい処女の姿を、クロノスの子の意志の通りに、作り上げた。
そして輝く眼を持つ女神アテナが、彼女に帯を締め、衣裳を着せてやると、
カリテスたちと、主なる女神ペイトがこもごも、
うなじのまわりに幾重にも、黄金の首飾りをつけてやり、
また髪の美しいホライたちが、春の花の環を頭に冠らせ、
そしてパラス・アテナが、体の装いをすべて整えた。
一方、彼女の胸の内には、使者であるアルゴスの殺害者が、
嘘と、甘言と、盗人の性を、
ゼウスの意志に従って、造って入れ、
また神々の伝令は、声も彼女の内に入れてやって、
この女を、パンドラと名付けた。
それはオリュンポスに住まいを持つ者たちすべてが、穀物を食べる人間の苦しみとなる贈り物を、贈ったからである。

ここでゼウスからまず、人間の女を造るようにという命令を受けたとされているヘパイトスは技術の神だが、天上界のオリュンポス山の頂上に住んでいるギリシア神話の主な神たちと女

神たちが、そろって完璧な美男と美女たちである中で、ただ一人だけ醜男である上に、足が曲がっていて歩行が不自由だった。それでそんな不具の子を誕生させてしまったことを恥じた母のヘラ女神によって、生後すぐに下界に投げ捨てられた。だが大地を取り巻いて流れている、大河のオケアノスの中に落下したところを、テティスとエゥリュノメという二柱の絶世の美女の水の女神たちに助けられた。そしてそれから九年のあいだ水底の洞窟のなかでくらして、そのあいだにどんな不思議なものでも自在に造り出すことのできる鍛冶と工作の技能を身につけて、神々の仲間入りをしたのだとされている。それで「曲がり足の神」とも呼ばれるそのヘパイストスが、ゼウスの命令に従って駆使した絶妙な技術によって、パンドラの肉体は、人間の女に相応しく土と水を材料にしているのに、天上の女神たちとそっくりに見える、美しく愛らしい処女の容姿に造られた。

その上にゼウスは、美と愛の女神のアフロディテに命令して、もともと不死の女神とそっくりな処女に見えるように作られているそのパンドラの優美な肉体に、男の苦しみの原因となる激しい情欲をそそり、どれほど頑丈あるいは意志堅固な男でも骨抜きにしてしまう、不可抗の性的魅力を、頭からたっぷりと注ぎかけさせた。また機織りの女神でもあり、パラスとも渾名されるアテナに、パンドラに機織りの技を教えさせたので、パンドラはもともと女神のように美しく、アフロディテの魅力を備えている肉体を、美しい衣裳によってよりいっそう美しく魅力的に見せる術を、身につけることになったとされているわけだ。

七三〜七五行には見たように、アテナが機織りの技術の産物の衣裳と帯によって魅力的に着飾らせたパンドラに、カリテスたちとペイトが黄金の首飾りをつけ、ホライたちが春の花の冠を被せるなどして、いやが上にも美しく見えるように装わせたことが言われている。カリテスたちは言うまでもなく、アフロディテ自身の分身のようにも見なせる三姉妹の美の女神たちで、アフロディテを自分たちの女主人と見なして、その侍女の役を務める。彼女たちの役目はなんずく、性的魅力の化身であるアフロディテを、ますます美しく芳しく磨き上げることで、『ホメロス讃歌』の「アフロディテへの讃歌一」には彼女たちがあるときその任務を果たした有様が、「そこでカリテスたちが、彼女（アフロディテ）に浴みをさせ、常磐にいます神々の持つ、不死の香油を彼女に塗った。彼女のために香料に調製された、神の心地よい香油を」（六一〜六三行）と歌われている。

ペイトは「説得」を意味したその名前の通り、説得力の神格化された女神だが、ギリシア人はこの女神も、アフロディテの陪神の一人のように見なしていた。それはアフロディテの掌る女性の性的魅力が、男を不可抗的に籠絡してしまう不思議な働きの中にこそ、説得の女神の神威がもっともあらたかに発揮されると、信じられていたからにほかならない。ペイディアス作の名高いオリュンピアのゼウス神像の玉座を支えていた台にはとりわけ、海から上がってくるアフロディテにペイトが、冠を被せている場面が黄金で浮き彫りされていたことが、パウサニアスの記述（『ギリシア周遊記』五、一一、九）によって伝えられている。

ホライたちもやはり三姉妹の季節の女神たちだが、『ホメロス讃歌』の「アフロディテへの讃歌二」には彼女たちが、海に浮かぶ泡の中で誕生したアフロディテが、泡から出てキュプロス島に上陸したときに出迎えたことが歌われている。そのときに彼女たちは、海から裸身で上がって来たアフロディテに衣をきせ、冠を被らせ、耳や首にえも言われぬ美しい飾りをつけて、神々のもとへ案内して行った。そうするとホライたちによって艶やかに装われた美の女神を見た男の神たちは、いっせいに激しい恋心に捕らえられた。それでこのときに彼女との結婚を熱望せぬ者が男神たちの中にだれもいなかったことが、一四〜一八行にこう歌われている。

こうして体のまわりに、すっかり飾りをつけた上で、
彼女を、不死の神々のところへ連れて行った。
すると神々は、それを見て喜び迎え、いっせいに彼女の方へ手を差し伸べ、
みな菫の冠をつけたキュテレィア女神（アフロディテ）の美しさに驚嘆して、
自分こそ、彼女を正式な妻に娶って、家に連れて帰りたいと願った。

このように『仕事と日』に、アテナが衣裳を着せたパンドラをさらに、首飾りや花の冠で装わせたことを歌われているカリテス、ペイト、ホライらの女神たちは、アフロディテに仕え、この女神がその不可抗の魅力をいっそう効果的に発揮するように、彼女を磨き上げ化粧させ着飾らせる役をする者たちにほかならない。これらの女神たちによって、美しく魅力的に見せるための装いに仕上げが施されたことでパンドラはまさしく、ゼウスがアフロディテにした命令の通りに、美と愛の女神自身の魅力をたっぷりと注がれた。それでアフロディテの艶姿をそのまま地上に再現したような外見を持つことになった女を、人間の男たちは、『仕事と日』の五八行に見たように、ゼウスがプロメテウスに対してそう予告したと言われているまさにその通りに、災いであっても大喜びで貰い受けて、腕に抱き締めて鍾愛せずにいられないのだとされているわけだ。

このようにパンドラの肉体は人間の男が喜んで貰い受けて、夢中で愛さずにいられないように造られているので、『神統記』（五八九行）と『仕事と日』（八三行）に共通して、「険しく対処する術のない陥穽（ドロン　アイピュン　アメカメン）」と言われているように、男にとって逃げることのできぬ罠となるように仕上げられた。そのパンドラの肉体の内部に、『仕事と日』の六七行によればゼウスは、「犬の心と盗人の性（キュネオン　ノオン　カイ　エピクロポン　エトス）」を入れることを、ヘルメスに命令した。そして七七～九〇行には神々の伝令役を務めるこの神が、このゼウスの命令に従ってパンドラの胸の内に、「嘘と甘言と盗人の性（プセウデア タイミュリウース テ ログース カイ エピクロポン エトス）」を造って、「声（ポネン）」と共に入れたことが物語られている。

ヘルメスは『ホメロス讃歌』の「ヘルメスへの讃歌一」の一四行で、「夢どもの導者（ヘゲトロネイロン）」と呼ばれているように、あらゆるものを眠らせてそのあいだに盗みを働くことのできる神で、あるときその能力を発揮して、体中に無数の目を持っていたアルゴスという怪物を退治するように、ゼウスから命じられた。この怪物はヘラに指令されて、牝牛に変身させられたゼウスの愛人のイオの見張り役を務めていた。ヘルメスはすべてが同時に眠ることのないはずだったアルゴスの目を全部眠らせて彼を殺したので、その手柄に因んでアルゲイポンテス（アルゴスの殺害者）という渾名で呼ばれることになったとされている。

「ヘルメスへの讃歌二」によれば、オリュンポスの神々の一人としてこのような性質を持つ神がぜひとも必要と考えたゼウスは、アルカディアのキュレネ山の岩屋の奥に、ひっそりと隠れて住んでいたマイアという女神のもとに、妃のヘラが眠っている夜のあいだに、泥棒のようにこっそり忍んで行って媾合して、ヘルメスを誕生させた。それでこの神はゼウスの計画の通りに、稀代の泥棒の資質を持って生まれ、誕生したその夜の内に、同父の兄のアポロンが牛の群れを飼っていた、オリュンポス山麓のピエリアというところまで出かけて行って、五十頭の牝牛を盗み出してくるという、「不死の神々のあいだで名声を得る仕業（クリュタ　エルガ　メタナトイシ　テオイシン）」（一六行）だったと言われている、まさに離れ業の盗みをやってのけた。その上に、翌朝にアポロンが、キュレネ山の岩屋にやって来て、襁褓《むつき》にくるまって揺籃の中で寝ている彼に、盗んだ牛を返せと言うと、すべての真実を知る予言の神のアポロンに向かって、まだ生まれたばかりの赤ん坊の自分に、そんな大それたことができるわけがないので、牛泥棒はけっして自分ではないと言って、厚顔な嘘をついた。しかもことの決着を父神につけてもらおうと言って、アポロンといっしょにゼウスの前に行っても、三六八〜三六九行によればまず、「父ゼウスよ、わたしはあなたに、間違いなく本当のことを申し上げます。なぜならわたしは、常に真実を語る者で、嘘のつき方も知らぬからです」という大嘘をついた。そしてそれからアポロンの牛の群れを盗んだのは自分ではないという嘘を、ゼウスに対してもしゃあしゃあとつき続けた。

その赤児のヘルメスがアポロンといっしょに自分の前に現われたのを見たときにゼウスは、自分が計画した通りの大泥棒で厚顔な嘘つきの資質を持った子が誕生して、伝令役として神々の仲間に加わろうとしていることに、大満足をした。そしてポイボスとも呼ばれるアポロンに向かって、三三〇〜三三二行によればこう言って、喜びを表明したと言われている。

ポイボスよ、お前はいったいどこから、このすばらしい獲物を、狩り立ててきたのか。
生まれたばかりの赤子のくせに、もうすっかり、伝令の資質を身に備えている。
神々の集いへの、この者の到来は、重大な事件だ。

このように自身が大泥棒で厚顔な嘘つきの神であるヘルメスによって、この神の持ち前にほかならぬ犬のように恥知らずな心と、盗人の性質を内部に入れられたことで女はまさしく、人間の男にとって究極の災いとなる内実の本質を、男が喜んで貰い受けて愛さずにいられないように見える外見の内部に持つことになった。ヴェルナンがいみじくも指摘した(1)ように、このように外見と内実とが正反対であることで人間の女は、プロメテウスが人間のために盗んで来てくれた火が、瑞々しく見えたナルテクスの茎の外見の内部に、燃えている内実の本質が隠されていたのと、見事に対応している。つまりこの点でも人間の女は、プロメテウスのおかげでこのような仕方で火を手に入れた代償として、ゼウスから贈られて人間が持つのに、まさにこの上なく相応しい災いだったわけだ。その上ゼウスがヘルメスに命じてパンドラの内部に入れさせた、男の災いとなる人間の女の本性をヘシオドスは、犬の心つまりまるで犬のように破廉恥な心と盗人の性だったと言っている。ここでヘシオドスが「犬の」を意味する形容詞をつけて「キュネオス　ノース」と呼んでいるノース（心）は、理性の働きを掌る人間の心で、ギリシア人は、彼らがプシュケと呼んだ「魂」は、生物が全て持っているが、ノースは生物の中で人間だけに固有のもので、ノースを持つことで人間は他の動物たちから区別されていると考えていた。

つまりヘシオドスによれば、女も人間であるので、動物の中で人間にしかないノースを持ってはいる。だがその女のノースは、人間のノースに相応しいものではなく、まるで獣のように破廉恥な犬のノースだと言うのだ。人間はまたノースの働きによって、言葉を話せることでも他の動物たちと違っている。ところがヘシオドスによれば、女も人間なので言葉を話しはする。だが「犬の心」である女のノースの働きによって話される言葉は、ヘルメスが女の胸の内に造って入れた「嘘と甘言（プセウデア　タイミュリウース　テ　ログース）」なので、真実を伝えるためにではなく、男を騙して自身の魅力によって籠絡する目的でもっぱら使われるというのだ。このように外からはまるで不死の女神のように見えるのに、中身の本質はまるで獣のようであることでも人間の女は、人間がプロメテウスから受取って手に入れた火と同様に、外見と内実がまさに正反対だとされているわけだ。

このようにして彼が計画した通りに、神々の協力によってでき上がったパンドラをゼウスは、『仕事と日』によればまたヘルメスに命令して、プロメテウスの弟で『神統記』の五一一行には「愚か者（ハマルティノオス）」と呼ばれているエピメテウスのもとへ、神々みんなからの贈り物の花嫁として連れて行かせた。エピメテウスは八六〜八八行によれば兄から、「オリュンポスのゼウスからの贈り物を、決して受取ってはならず、送り返すように」と言われていた。だが「先見の明（プロメテイア）』の持ち主の兄とは正反対に、「後知恵（エピメテイア）」の持ち主で、遅まきに失敗に気づく知恵しか持たぬうっかり者だったエピメテウスは、パンドラを見るとたちまち兄から受けていた注意を忘れて、彼女を妻に貰い受けて、自分の家に住まわせてしまった。それでこのエピメテウスとパンドラとの結婚が人間にとって、ありとあらゆる苦しみと不幸の原因になったのだとされている。

(3) パンドラと甕（ピトス）

なぜならまずパンドラは、エピメテウスの家で大きな甕（ピトス）を見つけると、たちまち女の本性である「盗人の性」を発揮して、中に入っているものを貪ろうとして、厳重に閉められていたその蓋を取り除けた。ところがその甕の中には、パンドラが考えたようなよいものではなく、人間の苦しみと死の原因となるあらゆる種類の災いが詰めこまれていた。それでそれまで甕の中に封じこめられていたので、人間を苦しめることのなかったそれらの災いが、いっせいに甕から飛び出して世界中に拡散してしまった。

これらの災いはすべて、姿が人間の目に見えぬだけでなく、ゼウスによって声を取り上げられているために、近寄ってくる気配も人間には感じられぬので、人間は襲われる瞬間までその接近に気づかない。そのために人間は以後、昼も夜も、陸上でも海上でも、いたるところに充満していて、いつ襲いかかってくるか分からぬ、あらゆる種類の災いに、絶えず脅かされ、苦しめられながら生きていかねばならぬことになった。

ただ希望だけは、パンドラがあわててまた甕の蓋を閉めたときに、まだ外に飛び出していなかったので、そのまま甕の中に封じこめられて残った。それで人間は甕から飛び出した災いによって、外から脅かされて苦しみながら、甕の中に残った希望だけは失わずに、内部に持って生きていけることになった。だがこのこともけっして偶然にそうなったのではなく、ゼウスが予めそうすると意図していた通りに起こったことだった。つまり人間が現在の世界で持たねばならぬ運命は、細部までゼウスが不滅の計画によって決めていた、その通りに定まったので、その事は『仕事と日』の九〇〜一〇五行に、こう歌われている。

なぜならその以前には、人間たちの種族は地上で、
もろもろの災禍から逃れ、また辛い労苦と、

人々に死をもたらす、苦しい病気に悩まされることもなく、暮らしていた。
だが女が、両手で甕の重い蓋を取り除き、
それらを撒き散らして、人間たちに忌まわしい苦難を、生じさせた。
その場所にはただ一つ希望だけが、堅牢な住まいである甕の口を越えず、
内部に残り、戸外に飛び出さなかった。
なぜならばそれよりも前に、パンドラがまた、甕の蓋を閉めたからだ。
山羊皮楯を持ち、雲を駆るゼウスの意思の通りに。
しかしこのときから、人間どものあいだを彷徨する、惨苦の数は無数である。
地上にも海にも、災いが充満している。
ある病気は昼に、また別の病気は夜のあいだに、
死すべき者たちに苦難を運び、人間どもにほしいままに襲いかかる。
声も立てずに、なぜならば賢明なゼウスが、彼らから声を取り上げたので、
このようにゼウスの心を免れることは、どのようにしてもけっしてできないのだ。

夫の家でピトスと呼ばれている大甕を見たパンドラが、さっそく蓋を開けて中身を貪ろうとしたのは、女にとって当然至極な行動だった。『仕事と日』の三六八～三六九行に、「大甕の中

身は、開けはじめと終わりのところでは、満腹するまで味わい、その中間では節約をするがよい。底をつきかけたところで、する節約は、惨めなものであるから」と歌われていることからも明らかなように、大甕（ピトス）は農夫の家で通常は、収穫した穀物を食べるときまで保管しておくための倉として使われていた。『仕事と日』の三七三〜三七五行でヘシオドスは、次のように歌っている。

尻を飾り立てた女に、お前の理性を惑わされてはならぬ。
甘い睦言によって、彼女が得ようと狙っているのは、お前の穀物倉の中身なのだから。
女たちを信じるのは、盗人を信じるようなものだ。

つまりアフロディテによって注ぎかけられているたまらない性的魅力が、もっとも凝集している肉体の部分である尻を、アテナから授かった機織の技術でいやが上にも魅力的に見えるように飾り、ヘルメスによって胸の内に造られて入れられている嘘と甘言で、女が男を籠絡しようとするのは、男の妻になって夫の家に住み、そこで女の本質の「盗人の性」を存分に発揮して、夫の勤労によって穀物倉に貯えられる食物を貪るためにほかならない。それだからその女の手管にけっして誑かされてはならぬと、ヘシオドスはここで彼の兄弟のペルセスを戒めているわけだが、この注意をいくら心に銘記していても、男は女の魅力と手管によって理性を惑わされて、その魅力のとりこにされてしまうのを避けることはけっしてできない。なぜなら女はもともとゼウスの不滅の企みによって、人間の男が大喜びで貰い受けて、腕に抱き締めて愛さずにいられないように作られている。ゼウスによって男が必ず陥るように仕掛けられた、「険しく対処する術のない陥穽」だからだ。

だから夫の穀物倉の中身を貪る盗人の性を、内に本質として持っているパンドラは、夫になったエピメテウスの家で、厳重に蓋をされたピトスを見たときに、中に貯えられているに違いないと思われた穀物を貪ろうとして、女の本性に駆られた当然の反応として、その重い蓋を取り除いた。ところが中に良いものである食物が蔵されているように見えたピトスの内には、外見から想像されたのとはまるで正反対のとんでもない悪いもの、つまり人間の苦しみと死の原因になるあらゆる種類の災いが封じこめられていた。このようにこのピトスをパンドラが開けるようにしむけ、人間にとっての災いを世界中に充満させたことでもゼウスはやはり、内実とは正反対に見える外見によって欺くというまさにこの上なく恰好なやり方で、プロメテウスの火の窃盗に対する報復を果たしたことになるわけだ。

（4）パンドラと災いである女たち

このようにしてエピメテウスが、パンドラをゼウスから妻に貰い受けて家に入れたことが嚆矢となって、ヘシオドスによれば、パンドラの後裔である女たちが人間のあいだに生じた。そしてこのときからその女たちの一人を正式な妻に娶って自分の家に住まわせ、ゼウスによって労苦せずには得られなくされている食物を、自身の勤労によって取得して、それによって自分自身の胃袋だけでなく、「盗人の性」を持っている女の一人である、妻の貪婪な胃袋まで養う。そしてその妻の腹から、自分の後継ぎの嫡子を得ることが、人間の男にとって免れることのできぬ運命として定まったのだという。そのことを『神統記』の五九四〜六〇〇行ではヘシオドスは、男の妻になる人間の女たちは、蜜蜂たちの雄蜂たちとそっくりだと言って、慨嘆している。

つまり蜜蜂の雄たちは、外で働くことは一切しない。働き蜂が辛苦して作る巣の中にぬくぬくと住んで、働き蜂たちが終日の勤労によって集めて来る蜜と花粉とを、ただひたすら自分たちの胃袋の中に入れることしかしていない。それと同様に妻となる人間の女たちも、夫が苦労して建てる家の中に住んで、夫が食物を得るために外でせねばならぬ労苦には関与せずに、勤労によって夫が体力を磨り減らして持ち帰ってくるものを、貪婪な胃の中に取り入れることしかしないというのだ。

人間の女たちがすべてパンドラから生じたものたちであることを、『神統記』の五九一行でヘシオドスは、「彼女（パンドラ）から生じたのが女たちの《破壊をもたらす種族（オロイオン　ゲノス）》と、その『諸種（ピュラ）』なのだと」言っている。つまり彼は女たちがなべて人間の男に破壊をもたらす同一の種族に属するとしながら、その女たちに種類の別があることを認めているわけだ。

　事実六〇八行では彼は、男が結婚に当たって、「自分の心に適う気配りのある妻（ケドネン　アコイティン　アレリュィアン　プラピデッシ）」を娶ることがあると認めているが、六〇九行ではその揚合にもその男にとって、「災いが生涯を通じて、その幸福を相殺することになる（アパイオノス　カコン　エストロ　アンティペリゼイ）」と言っている。つまりどんな良質な類の女を妻にしても、その結婚から得られる幸福は、生涯のあいだにけっきょくは「破壊をもたらす女たちの種族（オロイオン　ゲノス　ギュナイコン）」の一人である妻が、夫になる男に必然的にもたらす災いによって、帳消しにされてしまうのを、男は免れることができないというのだ。

　そしてもしもこれと反対に悪質な類の女を妻にすれば男は、たえず悲しむばかりで喜びは何も得られずに、ただひたすら災いに苦しむだけの、出口の無い絶望的な破目に陥るほかないことを、ヘシオドスは六一〇～六一二行でこう歌っている。

だがもしも、性悪な妻を娶れば、
胸の内に絶えることのない悲しみをもち、心と魂とを苦しめられながら生きねばならず、
しかもこの災いには、けっしていやされるということがないのだ。

『仕事と日』の七〇二〜七〇五行ではヘシオドスは、悪妻との結婚が男にとってまさに究極の災禍であることを、良妻との結婚が望み得る最大の幸福であるのと、いっそうはっきりと対比させてこうも歌っている。

なぜなら男にとって良い妻を手に入れる以上に、結構なことはなく、
また反対に、悪妻より以上に苛酷なものも、何もないのだから、
食事ばかりしたがり、どんなに強い夫でも、
燃え木も使わずに燃やして、若いうちに老いさせてしまう。

冒頭にあげた『パラティン詩華集』第九巻一六五番の短詩で、アレクサンドリアのパラダスが、女が「男を心労で燃やし、弱らせて、若い男も、たちまち老いさせてしまう」と歌っているの

は、この『仕事と日』七〇三〜七〇五行の詩句を受けて言われていることにほかならない。『仕事と日』四二〜四九行ではヘシオドスは、現在の世界では「生命の糧になる食物（ビオン）」が、プロメテウスの悪巧みに対して怒ったゼウスと神々によって隠されてしまっているので、人間はそれを労苦によって、船で海を渡って交易をしたり、畑を耕して手に入れねばならぬことをこう歌っている。

なぜならば神々は人間たちから、生命の糧を隠してしまっているのだから。
もしそうでなければ、お前は一日だけ楽に働けば
一年間、何の仕事もせずに暮らせるだけの収穫を、得られただろう。
そして船の舵はすぐさま、（炉の）煙の上方につるしてしまって（航海の季節が終わると、
舵は船体から外され、炉の上に吊るされて保存された）、
牛たちや、忍耐強い騾馬たちを駆り立てる必要も、まったくなかっただろう。
だがゼウスは、心に怒って隠してしまったのだ。
彼をひねくれた奸知を持つプロメテウスが、ペテンにかけたそのおりに、
このことのゆえに、彼は人間たちに対して、忌まわしい苦難を生じさせたのだ。

つまり太古に黄金の種族の人間たちが、「豊穣な大地が、有り余る豊かな実りを、自然に産出した」(一一七〜一一八行)ので、何の労苦もせずに、「まるで神々のように」(一一二行)、「宴会の楽しみに耽って」(一一四行)いられたのと違って、現在の鉄の種族の人類は、船で航海をしたり、なかんずく牛や騾馬を使って農作業に勤しむ、「忌まわしい苦難(ケデア リュグラ)」(四九行)に耐えねば、隠されているビオス(食物=生命)を得ることができない。だから黄金の種族の人たちが、悲しみを知らず、疲れることも老いることも病気に苦しむこともなく、いつまでも若いままでいられたのと違って、今の人間たちは辛い労苦によって疲れて老い、病気に苦しんで死んで行かねばならない。

しかも人間の男たちはその労苦によって、ただ自分たち自身を養わねばならぬだけではない。蜜蜂の雄蜂たちのように、外で食物を得るために労苦することはいっさいせずに、家にいて男が勤労によって得てくるものを貪ることしかしない女たちの一人を妻に娶って、その貪婪な胃袋まで満たさねばならない。それでももし「悪質な類の女(アタルテロイオ ゲネトレス)」つまり女の本性である、夫の穀物倉の中身を狙う「犬の心と盗人の性」をそのまま剥き出しにして憚らぬ女を妻にすれば、ヘシオドスはその女は、「食事ばかりしたがり、どんな強い夫でも、燃え木も使わずに燃やして、若いうちに老いさせてしまう」と言い、パラダスはそれを受けて「ゼウスが火の代償として、われわれの伴侶とされた別の火である女たちは、男を《心労で(プロンティシン）》弱らせて、若い男もたちまち老いさせてしまう」と言って愁嘆にくれているわけだ。
だがヘシオドスが『仕事と日』七〇二～七〇三行で、男がそのような妻を娶ることほど、結構なことはないと言っている、「良い女（ギュネ　ヘ　アガテ）」についても、女が男を燃やす火であることには変わりがない。ヘシオドスが『神統記』六〇八行で、「気配りのある妻（ケドネン　アコイティン）」になることを認めている、良い種類の女でも、「破壊をもたらす女たちの種族（オロイオン　ゲノス　ギュナイコン）」に属するので、内奥には女の本性である「犬の心と盗人の性」を蔵している。

だから「心に適う妻（アレリュイアン　プラピデッシ）」にも成るそのような女との結婚によっていくらかの喜びは得られても、「災いが生涯を通じて、その幸福を相殺することになる」（六〇九行）と、ヘシオドスは言う。つまり男は程度の差はあっても、妻にした本質は災いである女によって、苦しめられ燃やされ続けることは免れ得ないというのだ。

その上に女はただ、自分の飽くことのない食欲を満足させるために労苦を強いて、パラダスが言うように、そのための「心労で（タイス　プロンティシン）」、夫になる「男を燃やして衰弱させてしまう（アンドラ　エッカイエイ　エデ　マライネイ）」火であるだけではない。『仕事と日』の五八六～五八八行でヘシオドスは、夏の盛りにはシリウス星（古代ギリシア人は夏の酷暑はこの星が、昼のあいだも太陽といっしょに空に出ているために起こると考えていた）が、彼らの頭と膝をひからびさせ、炎暑によって彼らの皮膚が乾燥するために、「男たちは最も弱っている（アパウロタトイ　アンドレス）」が、そのときに「女たちの色欲は、もっとも旺盛になる（マクロタタイ　デ　ギュナイケス）」と言っている。

つまり男たちが戸外で、太陽とシリウスの炎熱を浴びながらする労苦によって、すっかりひからびて衰弱しきる、まさにその季節に家にいて、太陽にもシリウスにも焼かれることのない女たちは、もっとも好色になる。そして疲労し乾ききっている男たちを、アリストパネス『女の平和』の中で主人公のリュシストラテが、登場人物のアテネの女の一人に向かって、彼女の夫を「両面を焼いて料理してやる（オプタン　カイ　ストレペイン）」（八三九行）がよいと言っているまさにそのやり方で、あくまでも燃焼させようとする。このようにヘシオドスによれば女は、自身の食欲によってだけでなく性欲によっても、夫になる男を燃やす火であるわけだ。だからその女の一人を妻にして家に住ませ、女の本性の盗人の性に苦しめられながら、男を燃やす火にほかならぬ女の二重の貪婪さによって、たえず燃やされ続けることで人間の男は、プロメテウスの盗みによって火を得た代償として受けるのにまさにこの上なく相応しい罰を、ゼウスから与えられていることになるわけだ。

その上に『仕事と日』の六一行によればゼウスは見たように、女の体を「土と水を混ぜ合わせて（ガイアン　ヒュデイ　ピュレイン《土を水で濡らして》とも訳せる）」作るようにヘパイストスに命令したとされている。古代のギリシア人たちは人間をはじめとする地上にいる生き物たちの体は、もとはとうぜん土から作られたものと見なしていたが、そのために土と混ぜ合わされたもっとも肝心な成分はより一般的には、水よりはむしろ火だったと考えられていたと思われる。

たとえばプラトンの対話篇の一つの『プロタゴラス』（三二〇d）には、太古に人間とその他の可死のものたちが生じるべきときが来ると、神々は大地の内部で、「土と火と、それに火と土に結合させることのできるすべてのものを混ぜ合わせて（エク　ゲス　カイ　ピュロス　ミクサンテス　カイ　トン　ホサ　ピュリ　カイ　ゲ　ケランニュタイ）」、「可死のものたちの諸種族（トゥネタ　ゲネ）」を造ったという神話が、プロタゴラスの口から述べられている。『イリアス』の第七歌、九六〜一〇二にはメネラオスが、ギリシア勢の中にヘクトルの申し出に応じて、彼との一騎打ちの戦いを受けて立つ者がいないことに業を煮やして、日ごろ武勇を自慢にしている自軍の将たちに対して、こう言ったことが歌われている。

なんと情けない。口幅ったいことを言っても、あなたたちはもはやアカイアの男たちではない。アカイア女たちだ。

もしも今、ダナオイ勢（ギリシア軍）のだれも、ヘクトルの相手をしようとせぬのであれば、
本当に末代まで、これ以上の恥辱はあるまい。

あなたちは一人残らずその場ですぐに、土と水に化してしまうがよい。

そのようにだれもかれもが、功名心をなくしたまま、腑抜けになって座りこんで尻込みしているのなら。

あの男には、この私自身が武器を取って立ち向かおう。

勝敗の帰趨は上天で、不死なる神々が定めたまうところだが。


ここでメネラオスが、彼が「男の名に値しない。女たちだ」と非難した味方の者たちに対して、「それなら全員がすぐにその場で、土と水に戻ってしまうがよい」と言ったという罵言には明らかに、「男とは呼べぬ女たちなのだから、女たちに相応しく、女の作られているもとの素材に戻れ」という意味が含まれていると思われる。「いかにも瑞々しくみえる女体は、乾いて見える男の体とは違って、土と共に水気をたっぷり含んでいる」という観念はこのように、『イリアス』の中のこのメネラオスの言葉にもはっきり看取できると思われる。

『仕事と日』でゼウスがヘパイストスに、「土と水を混ぜ合わせて（あるいは土を水で濡らして）」、パンドラの体を作るように命令したと物語ることで、ヘシオドスはそれ故明らかに、女

の体がゼウスの計画によって、男たちの目に、自分たちよりもずっと濡れ濡れと湿って見えるように作られていることを強調しようとしたのだと思われる。それでそのゼウスの意図の通りに女の体は人間の男たちに、自分の体が乾いて見えるのとは対照的に、端々しく濡れて見えることになったのだと言われているわけだ。

つまりプロメテウスが天から火を盗んでくるために使ったナルテクスが、中の芯が燃えていても外側は湿って見えていたのとまさに同様に、その窃盗のおかげで火を得た代償にゼウスから人間に災いとして贈られた女も、外からはいかにも湿って見えるように作られていた。ところがその濡れ濡れとして見え、そのことで乾いている男を、いやが上にもひきつけ蠱惑して止まぬ女のなよなよとした肢体の内部には、貰い受けて抱き締めてみればその外見とまったく正反対の、乾いている男を燃焼させる火である女の本性が隠されている。だからこのように乾いている男の慰藉となる水分をたっぷりと持つように見える体の内に、じつは男を苦しめながら燃やす火の内実を秘めていることでも女は、プロメテウスの盗みによって火を得た人間に対して、ゼウスからその仕返しに与えられた究極の災いとして本当にこの上なく相応しく作られていると言うほかないと思われるわけだ(2)。

第二章　ギリシア人にとって謎の国だったエティオピア

（1）東西の果てに住むエティオピア人

古代のギリシア人たちは、夜明けに太陽がそこから天に昇る世界の東の果てと、日没時に一日の天の行路の周歴を終えてそこに降りる西の果てとに、エティオピア人が住み、現在の世界で通常の人間に許されていない、神々との親密な触れ合いを享受しながら、楽園のような幸せな暮らしをしていると考えていた。『オデュッセイア』の冒頭に近い箇所（一、二三～二四）には、そのエティオピア人のことが、「エティオピア人たちは人間の中の最果てに住む者たちで二つに分かれ、ある者たちは太陽ヒュペリオンが没するところに、他の者たちは太陽が昇るところに住んでいる」と歌われている。そしてポセイドンがこの時に彼らのもとを「訪れて（メテキアテン）」、「そこで宴席に坐して楽しんでいた（エンタ　ホゲ　テルペト　パレーメノス　ダィティ）」ために、ちょうどそのおりにオリュンポスのゼウスの王宮で開かれていた神々の集まりの席に不在であったことが説明されている。『イリアス』一、四二三～四二五行には女神のテティスが息子のアキレウスに、ゼウスが前日から他の神々を連れてエティオピア人たちとの宴会を楽しむために、大地の果てを取り巻いて流れていると信じられていた大河オケアノスの岸辺まではるばるでかけていて、十二日のあいだオリュンポスに不在であることを、こう言って説明してやったことが歌われている。「ゼウスさまはちょうど昨日、非の打ちどころのないエティオピア人たちのところで宴会をされるために、オケアノスの岸辺にお出かけになり、他の神さまたちもみなごいっしょについて行かれました。十二日目にまたオリュンポスに、お戻りになられるでしょう」。

『オデュッセイア』と『イリアス』には、人間が供犠の儀礼を施行し、牛を生贄にして神々に供え、自分たちも宴会を開いてその牛を飽食する有様が描かれているが、その宴会の場に神々が天から降りて来て、人間と同じ食事を楽しむことはけっしてない。なぜならたとえば『オデュッセイア』の第三歌の冒頭に、オデュッセウスの一人息子のテレマコスが、トロヤ戦争が終わって十年目になるのにまだ帰国していない父の消息を、尋ねようとしてピュロスに赴いたとき、この国の人々が海岸でポセイドンのために施行していた牛の供犠の模様が歌われている場面で、まず九行に「彼らは臓物を食する一方で、神のために腿の骨を燃やしていた（エウトイ　スプランクネパサント、テオー　デピ　メーリ　エケーサン）」と言われ、またそのあとでその供犠された牛の肉で人々が贅沢な食事を楽しんだことが六五～六六行で、「彼らは最良の肉を焼き上げて火からおろし（ホイ　デペイ　オープテーサン　クレ　ヒュペルテラ

カイ　エリュサントン）」、「切り分けて素晴らしい食事に舌鼓を打った（モイラス　ダッサメノイ　ダイニュンテリキュデアン　ダイタ）」と言われているように、同じ殺された牛の中の人間の胃の腑に収められる部分と、神々に献げられる部分とははっきりと区別されていた。神のためには人間は牛の骨を脂（クニーセー）でくるんで、焼かれると芳ばしい匂いを発する香料といっしょに祭壇の上で燃やし煙を立ち昇らせて、神々は天上でその匂いをかいで楽しむ。その一方で人間は牛の肉と内臓を地上で火で料理して、貪婪な胃の食餌にするとされていた。

（2）最古の人類の黄金の種族

牛の中の神々の取り分になる部分と、人間の取り分となる部分の区別が、はっきりと定められた事件の一部始終は、『神統記』の五三五行以下に詳しく物語られている。その事件は「神々と死すべき人間たちの区別が定められた（エクリノント　テオイ　トゥネートイ　タントゥローポイ）」ときに起こったと言われている。ゼウスの父のクロノスが、神々の王として世界を支配していた太古の時代にも、地上にはすでに「黄金の種族（クリュセオン　ゲノス）」と呼ばれる最古の人間の種族がいた。『仕事と日』の一〇九〜一一九行には彼らのことが、こう歌われている。


言葉を話す人間たちの最初の種族として、黄金の種族を、オリュンポスに住まいをもつ、不死の神々は造った。

彼らが住んだのは、まだクロノスが天上で王であった時代のことである。

彼らはまるで神々のように、労苦と悲しみから免れ、心配を知らぬ心を持って暮らしていた。

惨めな老齢も、彼らを苦しめることはなかった。

常に手も足も若いままで、彼らは、災いから遠く離れて、饗宴の愉楽にふけり、
死ぬときの様は、まるで眠りに陥るようだった。

彼らには、すべての良いものがあった。

豊穣な大地は、有り余る豊かな実りを自然に産出した。

それゆえ有り余る良いものに恵まれて、彼らは、
喜びと平和のうちに、肥沃な地上に住んでいたのである。


つまりこの黄金の種族の人間たちも、天にいる不死の神々と違って、地上にいて可死だった

ので、この太古の時代にも神々と人間のあいだにはすでに、一方は天上に住み不死で他方は地上にいて可死であるという、もっとも根本的な違いはあった。だが可死であっても、黄金の種族の人間たちの死は、現在の人間の死とはまったく違って、苦痛も衰弱も伴わぬ眠りのように安楽なものだった。しかも彼らはこの点では神々と同じように不老で、労苦、悲しみ、心配、病気などの災いはいっさい知らず、大地が自然にいくらでも産出してくれるあらゆる種類の良いものを随意に取って使うことができたので、天上の神々と同様に、絶えず宴会を楽しみながら暮らしていた。つまり彼らはたしかに神と違う人間だったが、一一二行に「まるで神々のように暮らしていた（ホース　テ　テオイ　デゾーオン）」と言われているような、神々と見紛う至福な暮しをしていたので、神と人間の相違はこの時代にはあることはあっても、まだあらゆる点で曖昧模糊としたものでしかなかった。

（3）プロメテウスによる牛の分割

クロノスとティタンたちとの戦いに勝ち、ティタンたちと共にタルタロスに幽閉した父に代わって神々の王になったゼウスは、自分といっしょに世界を支配することになる神々にも、それぞれの職分と権能をはっきりと定め、その中であらゆるもののあいだに明確な区別がつけられていて、ものと他のものが混同されることのない秩序コスモスを世界に確立した。そのゼウスによって確立され維持されている秩序コスモスの中で、神々と人間のあいだに、クロノスが王であった時代に神々と黄金の種族の人間たちのあいだにあった曖昧な差異とはちがう、混同の許されぬはっきりした区別がどのようにして定められたかが、『神統記』の問題の箇所で説明されているわけだ。このときにプロメテウスという神が、五三六行に「熱意を持って（プロプロニ　テュモー）」と言われているように自分から進んで買って出て、神々と人間のあいだにはっきりと違いを定める役目を務めた。彼はそのために一頭の「巨大な牛（メガン　ブーン）」を五三八～五四一行に次のように言われているように、二つに分けて展示したとされている。

すなわち彼は一方に、牛の肉と脂肪に富んだ内臓とを、
皮の中に入れ、それを牛の胃袋に隠しておき、
他方には悪巧みによって、牛の白い骨をきちんと積み、
純白の脂肪で、隠しておいた。

ここで「悪巧みによって（ドリエ　エピ　テクネー）」されたものだったと言われているこの牛の分割は、その前の五三七行でも、プロメテウスが「ゼウスの心を瞞着しようとしてたくらんだ（ディオス　ノーン　エクサパピスコーン）」ものだったことを説明されている。プロメテウスがしたこの牛の分割を見てゼウスは、五四四行によれば、「なんという不公平な仕方で、君は取り分を分けたのだ（ホース　ヘテロゼーロース　ディエダッサオ　モイラス）」と言ったとされている。ここでゼウスが、プロメテウスが呈示した牛の二つの部分を指して使ったとされるモイラ（モイラスはその複数対格の形）という語のもっとも基本的な意味は「部分」だが、「分け前」とか「取り分」の意味でも使われた。さらに世界でそれぞれのものに定められている「取り分」が、そのものの「運命」であるので「運命」の意味でも、またその「運命」を司る三女神のモイライたちの呼び名としても用いられた。

このときにプロメテウスが牛を二つに分けたのは、その二つの「部分（モイラ）」のうちの一方が神々の、他方が人間の「取り分（モイラ）」にされることで、神々と人間のあいだに混同されることのない、はっきりした「運命（モイラ）」のけじめがつけられるためだった。その分割をみて、「なんという不公平な仕方で、君は取り分を分けたのだ」と言って感心してみせることでゼウスは、プロメテウスがその牛の分割をまさに自分の意図にぴったり適うやり方でしてくれたと認めてみせたわけだ。なぜならゼウスが意図していたのは言うまでもなく、クロノスの統治下では黄金の種族の人間たちが、地上にいて可死であっても、まるで神々のように至福だったために、神と人間の区別が曖昧だった状態に終止符を打ち、彼が世界に確立することになる秩序の中では、至福はただ神だけのモイラにし、人間には死に加えて老いや労苦や病気やその他のもろもろの災いをモイラに割り当てることで、神と人の区別がけっして混同されることのない明確なものに定められることだった。つまり神と人の間にされるモイラの配分は、けっして双方が満足するような公平なものであってはならず、ただ神々だけが不断の浄福に浴し、人間は悲惨に苦しむ、不公平きわまりないものでなければならなかったからだ。

だが五四五行にはこのときに「不滅のたくらみを知るゼウスは、嘲弄してこのように言ったのだ（ホース　パト　ケルトメオーン　ゼウス　アプティタ　メーデア　エイドース）」と言われている。つまりこのときにゼウスは決して、プロメテウスの「悪だくみ（ドリエー　テクネー）」に騙されていたわけではなかった。この神が持ち前の狡知をしぼり工夫をこらして仕組んだ奸計を、ゼウスは叡知によってすっかり見破っていながら、プロメテウスをからかって欺かれているふりをしてみせて、こう言ったのだというのだ。ゼウスがこう言ったのを聞いてプロメテウスはそれで、自分の仕組んだ悪巧みによって、ゼウスがまんまと欺かれていると思った。それで五四七行に言われているように「その悪巧みのことを念頭におき（ドリエース　ドゥー　レーテト　テクネース）」、「ほくそ笑みながら（へーケピメイデーサス）」、五四八〜

五四九行によれば「常盤にいます神々の中で、もっとも誉れ高く、もっとも偉大なゼウスよ、これらのうち胸の内で心があなたに命じるほうを、どうかお取り下さい」と言ってゼウスに、そこに置かれた牛の部分のうちの彼の意に適う方を、神々の取り分に指定するようにうながした。

プロメテウスはこのとき牛の中の人間にとって役に立つ良い部分だと彼が判断した、食べられる肉と内臓のすべてを、食べられぬ皮の中に入れた上に、その全体を胃袋の中に隠して、一見すると屑の詰まった汚い袋にしか見えぬものを一方に置き、他方にはまったく無価値だと彼に思われた骨を、さも大切であるようにきちんと積んで置き、その上を白い脂肪で覆い隠して、その脂肪の下には美味な肉があるように見せかけていた。そしてその上でゼウスにこの二つのモイラのうちの好む方を神々の取り分に選ばせれば、ゼウスはとうぜん外見に欺かれて、脂肪に隠された骨の方を指定し、その結果彼の意図とは反対に、人間の方が神々よりよいモイラを持つことになるというのが、プロメテウスが画策したことだった。ゼウスにこのようにしてモイラの選択を勧めたのが、プロメテウスの悪巧みだったことは、五五〇行でも念を押すようにもう一度くり返されて、「彼は奸計をたくらんでこう言ったのだ（ペーラ　ドロプロネオーン）」と言われている。

だがこのプロメテウスの奸計は、すべてを見通す叡知を持つゼウスによって、すっかり見破られていた。そのことは五五〇～五五一行に「不滅のたくらみを知るゼウスは、その悪巧みを見抜き、むざむざと欺かれはしなかった（ゼウス　ダプティタ　メーデア　エイドース　グノー　ルーデーグノイエーセ　ドロン）」と明言されている。つまりゼウスは端倪すべからざる叡知によって、一方の胃袋の中に何が入れられ、他方の白い脂肪の下に何が置かれているか、すっかり見抜いていたわけだ。だがそれにもかかわらず彼は「こちらを神々の取り分にする」と言って、脂肪を取りのけて骨の山を剥き出しにしたので、そのことは五五三行に「彼は両の手で白い脂肪をとりのけた（ケルシ　ド　ガンポテレーシン　アネイレト　レウコン　アレイパル）」と言われている。五五一～五五二行には、彼がこの選択をしたのは、「心にすでに、やがて成就されることになる、死すべき人間どもにとっての災いを予見していたからだ（カカ　ドッセト　テュモー　トゥネートイス　アントゥローポイシ、タ　カイ　テレエスタイ　エメッレン）」と言われている。つまり骨が神々の取り分になることは、プロメテウスの思惑とは違って、災いを人間のモイラにしようとしていた、五五〇行に「不滅のたくらみを知る（アプティタ　メーデア　エイドース）」と言われているゼウスの賢慮にまさにぴったり適っていたので、その計画をその通りに成就するために、ゼウスはこの選択をしたのだというのだ。言い換えればこのゼウスの選択によって人間のモイラに決まった肉と内臓は、人間がモイラとして持たねばならぬ災いを表す牛の部分であるわけだ。それで五五六～五五七行に、ゼウスがこのときにした決定に従って、供犠の儀礼を施行するたびに「人類は地上で不死の神々のために（アタナトイシン　エピ　クトニ　ピュラントゥローポーン）」、「芳香の立ち昇る祭壇の上で（テユエーエントーン　エピ　ボーモーン）」、「白い骨を燃やすのだ（カイウーソステア　レウカ）」と言われている。

事実供犠式のたびに、祭壇の上で神々のために燃やされる骨は、牛の体の中でそれだけは牛が死んでも腐って朽ちることの無い不滅の部分なので、不死の神々の運命を表すのに相応しい牛の唯一の部分だった。それに対して人間が料理して食べて胃の腑に入れる肉と内臓は、牛が死ねばまっ先に腐敗して悪臭を発し、たちまち朽ちてしまうので、汚れた肉体を持ち、儚い命しか生きられず、死ねばたちまち腐って朽ち果ててしまう、人間の惨めな運命を表すのにまさに相応しい。しかも人間はその牛の肉と内臓を、自分たちは地上で賞味して胃袋に入れる一方で、骨は祭壇の上で、焼くとえも言われぬ芳しい匂いを発する香料といっしょに燃やして、その煙を神々のいる遠く離れた天に向けて立ち昇らせる。それで神々は遠い天上にいるままで、立ち昇ってくる煙の芳香だけを、嗅いで楽しむと信じられていた。

つまり供犠式は一面においては明らかに、人間が神々と同じ牛を分けあい、それぞれの取り分を同時に賞味していっしょに満足を得ることで、神々と人間を牛を媒介にして結びつける意味を持った儀礼だった。

この儀礼を施行することで人間は、現在の世界秩序の中で神と人間のあいだに、両者が濫りに混同されることがけっしてないように厳然と定められている、越えてはならぬはずの隔たりを、束の間だけ克服して、神々とある触れ合いを持ち、交流を果たすことができた。だがその反面でこの儀礼を施行することで古代ギリシア人はそのたびに、骨を神々のために燃やし肉と内臓を自分たちの胃の腑に収めることを通して、神々は天上にいる不死で清浄な霊的存在であり、人間は地上に住む可死で汚れた肉的存在であるという、神人間の区別を、それぞれの取り分となる牛の部分の違いによって、そのつどはっきりと確認させられていたわけだ。

(4) 胃袋によって代表される人間のモイラ

しかもこのプロメテウスがした分割とゼウスがした選択によって、人間の取り分に決まった牛の部分は、肉と内臓がすべて皮の中に入れられていた上に、その全体が胃袋の中に詰めこまれていたとされているが、これも現在の世界秩序の中でゼウスの意思により人間に定められている惨めな運命を表すのにまさに相応しい形状だった。まず肉と内臓が皮の中に入れられていたのはまさしく、汚れた肉の詰まった革袋に似た人間の姿をそのまま表現していた。そしてその全体が胃袋の中に隠され、外からは胃袋しか見えぬ形で人間のモイラに定められたことで、人間は胃袋をいわば顔にし、胃袋によって全体が代表されるモイラを持つことになった。つまり絶えず食物を入れねばならぬ胃袋を持ち、貪欲なその胃袋の不断の飽くことのない要求を満たさねば生きられぬことが、人間の運命として確定され、それが神々と人間の決定的な違いになったわけだが、このように胃袋を神々と人間の相違の象徴と見なす観念をヘシオドスは、『神統記』の別の箇所でもはっきりと表明している。

『神統記』の二二～三四行にはヘシオドスが、生まれ故郷のヘリコン山の麓で羊を飼っていたときに起こった事件が歌われている。そのとき九人姉妹の詩の女神のムサイたちが、彼の前にとつぜん顕現した。そして彼はこの女神たちから親しく、詩人としての使命と権能を授かる、神秘的な体験を持ったというのだ。その箇所の二六行には、ムサイたちがまずヘシオドスに「野に住む羊飼いたち、悪しき恥辱であり、ただの胃袋でしかない者たちよ」といって、呼びかけたと歌われている。つまりヘシオドスの詩作の出発点になった宗教的体験だったことが明らかかと思われるこのムサイたちとの出会いを通して、ヘシオドスが最初に啓示され痛感させられたことは、彼がその一人である「野に住む羊飼いたち（ポイメネス　アグラウロイ）」である人間が「ただの胃袋でしかない（ガステレス　オイオン）」ことで不死の神々と根本的に違い、「悪しき恥辱（カケレンケア）」に過ぎぬ存在だということだったのだ。このことに照らしても、『神統記』のプロメテウス神話の中で、人間のモイラに定められたことを物語られている牛の部分が胃袋の中にすっかり隠されていて、まさに胃袋でしかないように見える相貌を呈していたとされているのは、本当にこの上なく相応しい形状だったと言うほかないと思われる。

このように胃袋を人間の悲惨の根源と見なす観念は、『神統記』とほぼ同時代に近い作品ではないかと思われる『オデュッセイア』の中でも、主人公のオデュッセウスの口から、くり返してはっきりと表明されている。たとえば一五、三四四～三四五行ではオデュッセウスは、「破滅をもたらす胃袋ゆえに、人間どもは、流浪と悲惨と苦痛が襲うときに、おぞましい苦悩を持つのだ」と言っている。また一七、二八六～二八九行では、彼はこう言っている。

だが胃袋の激しい要求を隠すことは、どうしてもできない。
破滅をもたらす胃袋こそ、人間どもにとり多くの災いの張本にほかならず、
不毛な海原を越えて、敵に災いをもたらすため、
結構な漕ぎ座の船が用意されるのも、胃袋がその原因なのだ。

これによればトロヤ方とギリシア方の無数の人間の破滅と不幸の原因となったトロヤ戦争が

起こったのも、元をただせば人間に胃袋があるからで、十年続いたその戦争のあとさらに十年にわたる流浪のあいだに、オデュッセウスが嘗めねばならなかった筆舌に尽くせぬ苦しみも、すべて胃袋がその原因だったことになるわけだ。

このようにプロメテウスが狡知を絞り工夫を凝らして仕組んだ悪巧みにもかかわらず、彼が企てた牛の二分割の結果として神々と人間は、ゼウスが不滅の企みによって当初から予定していたまさにその通りのモイラをそれぞれに定められた。つまりプロメテウスの悪巧みは、すべてを見通す最高神の叡知によって見顕されて、ゼウスの計画の成就のために逆に利用されてしまうことで終わったわけだが、プロメテウスが仕組んだ悪巧みはゼウスにとってとうぜん、絶対であるはずの彼の権威に不遜にも反抗した、許すことのできない罪だった。それで彼は、脂肪に覆われた骨を神々の取り分に定めるために、その脂肪を取り除けたときに、五五四行に「かれは、胸中に怒りを覚え、心を憤怒に捉えられた（コーサト デ プレナス アンピ、コロス デ ミン ヒケト テュモン）」と言われているように激怒したとされている。それは五五五行に「悪巧みによってそこに置かれた、牛の白い骨の山を見て（ホース イデン オステア レウカ ボオス ドリエー エピ テクネー）」と言われているように、剥き出しになった骨が、プロメテウスの悪巧みによって、ゼウスを騙すためにさも良いものであるように見せかけようとして、きちんと積み上げられているのを見たからだった。

それでこの奸計に対する報復の一つとしてゼウスは、プロメテウスが不当に利益を計らってやろうとした人間たちから、彼らの「生命の糧（ビオス）」である食物を隠してしまった。そのために、豊穣な大地が自然に無尽蔵に産出してくれるさまざまなビオスを、必要に応じて自由に取って使えばよかったので、手近にあるものを取るというもっとも楽な作業のほかに、何も仕事をする必要が無かった太古の黄金の種族の人間たちと違って、ヘシオドスが『仕事と日』の一七五行で「もっと前に死ぬか、後に生まれたかった（エー　プロステ　タネイン　エー　エペイタ　ゲネスタイ）」と言って、自分がその時代に生きていることを嘆いている現在の鉄の種族の人類は、隠されてしまったビオスを、辛苦して大地を耕し、地中から穀物として生え出させるか、あるいは非常な危険を冒しながら労苦して船で海を渡り、交易によって手に入れねばならなくなってしまったというので、そのことは『仕事と日』の四二～四九行にこう歌われている。

なぜならば神々は人間たちから、生命の糧を隠してしまっているのだから。
もしそうでなければ、お前は一日だけ楽に働けば、
一年間、なんの仕事もせずに暮らせるだけの収穫を、得られただろう。
そして船の舵はすぐさま（炉の）煙の上方につるしてしまって（航海の季節が終わると、

舵は船体から外され、炉の上につるされて保存された）、牛たちや、忍耐強い騾馬たちを、仕事に駆り立てる必要も、まったくなかっただろう。だがゼウスは、心に怒って隠してしまったのだ。彼を、ひねくれた奸智の持ち主であるプロメテウスが、ペテンにかけたそのおりに、このことのゆえに、彼は人間たちに対して、忌まわしい苦難を生じさせたのだ。

（5）黄金の種族の暮らしが続いていたエティオピア

このようにゼウスによって隠されてしまった生命の糧を、なかんずく農作業の労苦によって、作物として大地から生え出させねば、生きて行けなくされたことで、人間は一方で、何の労苦もせずに手に入るネクタルとアンブロシアを飲食する神々と、明確に区別されることになったが、他方でそれと同時に他の動物からもはっきり区別されることになった。なぜなら動物の中には人間と同じように、大地から生え出る植物を常食して生きているものたちもあるが、それらの草食獣は、黄金の種族の人類がしていたように、豊穣な大地が自然に産出する良いものをただ取って食べているだけで、彼らの生命の糧を農作業によって生え出させることはしないからだ。

　他方で肉食のために供犠式を施行して、牛に代表される家畜を神々への供物として殺しながら、その犠牲獣の骨は脂肪と共に神々のために、祭壇の上で燃やし、肉と内臓を料理して食べることでも、人間は神々との相違を確然と定められるのと同時に、他の動物からも明瞭に区別されることになった。なぜなら動物の中の肉食獣は、他の動物を殺して食うということで人間と似ている。だが彼らは肉食をするに当たって、供犠式のような宗教の儀礼はいっさい執行せず、殺した他の動物の肉と内臓は料理などせずに生のまま食うからだ。

　ただ現在の世界でもエティオピア人の国では人間がまだ、黄金の種族の人々がしていたように、大地が自然にふんだんに出してくれる良いものを、好きなだけ取って食べることのできる状態が続いていると考えられていた。ヘロドトスの『歴史』第三巻（一八）にはそれは次のような「太陽の食卓（ヘー　トラペザ　トウー　ヘーリウー）」と呼ばれるものがあるからだと説明されている。エティオピアでは町の近郊にあらゆる種類の四足獣の煮えている肉が満ち溢れている原があり、欲する者はそこに行って宴会の楽しみに耽ることができる。土地の人々は大地がこれらの食物を自然に出してくれるのだと言っており、これが「太陽の食卓」というものなのだという。

　ヘロドトスによればエジプトを征服した後に、ペルシアの大王カンビュセスは、エティオピアまで版図に加えようという不遜な野心をいだいて、そのためにまずこの不思議な国の様子を探らせようとして、エティオピア語を解するイクテュオパゴイ人の使者たちを派遣して、エティオピアの王へ贈り物を届けさせた。その贈り物というのは、貴重な紫の染料で染められた豪華な衣服と、黄金の首飾りと腕輪と、香油の入った壺と、フェニキア産のブドウ酒の詰まった酒甕だったが、これらはすべてエティオピア王にとっては、まったく無用か、またはほとんどそれに等しいものでしかなかった。なぜなら自然のままで「すべての人間の中でもっとも体躯が立派でかつ最も美しい」（三、二〇）エティオピア人には、人工的に着色した衣服を着けて身体を飾る必要などまったくなかった。それで彼の国を探りに来た使者たちの意図を見破っていたエティオピア王は、紫の染料の価値をるると述べた使者たちの説明を聞くと言下に、「人間が嘘つきな上に、着るものまで嘘つきだ」（三、二二）と言って、彼にこんな虚飾の品を送ってよこした者に対する軽蔑の念を表明した。黄金の首飾りと腕輪については、彼は笑って、「自分たちのところにはこんなものより、もっと頑丈な枷がある」と言った。なぜならエティオピア人の国では、黄金が余るほどあるために貴重とは考えられておらず、牢獄にいる囚人にかける枷を造るのに使われていたからだ。

香油の製法と効能についての説明を使者たちから聞くと、エティオピア王はさきほど紫の衣服について言ったのと同じ言葉をまたくり返した。贈り物の中でただブドウ酒だけは、乳をもっぱら飲み物にしているエティオピア人の王の気に入った。それで彼は使者たちに、「ペルシアでは王の常食物は何で、もっとも長命なペルシア人は何歳まで生きるか」と尋ねたので、使者たちは「ペルシア王が常食にしているのは、パンです」と言って、その原料の小麦がどういうものであるかを説明し、またペルシアでは、長く生きる者の命でも、せいぜい八〇年だと答えた。すると前に見たようにして自然に生じる煮えた肉を常食物にしていて、穀物を知らぬエティオピア人の王は、そんな糞便みたいなものを常食していては、寿命が短いのも当然だと言って憐れみ、それから使者たちにブドウ酒を指し示しながら、「もしこの飲み物で元気をつけることがなかったら、彼らはそれだけの寿命すら保てぬところだったろう」と付言した。

しかしエティオピア人には長生きをするために、ブドウ酒を飲む必要はなかった。なぜならエティオピアには、まるで菫のようなえも言われぬ芳香を発する泉があって、そこで沐浴すると肌が、まるで香油の泉にでも浸かったように、きらきらしく艶やかになるからで、この不思議な泉のおかげで、エティオピア人は大部分が一二〇歳まで生き、それ以上長生きする者たちもあり、「長命族（マクロビオイ）」と渾名されていたほどの長寿を享受しているからだという。

ヘロドトスがここでエティオピアにあったと記している、不思議な「若返りの泉」のことは、ストラボン『地理』（一、二～二七）に引用されて伝わっている、アイスキュロスの失われた悲劇『解放されるプロメテウス』の断片には、次のように言われている。

青銅のように眩しい光を放ち、エティオピア人たちにあらゆる食物を与えて養うオケアノスの岸辺、すべてを見そなわすヘリオスはそこで常に、自身の不死の身体を、疲労した馬たちと共に、温かく湧き出る優しい水によって休ませる。

つまりこれによれば、エティオピア人の国にある泉は古代ギリシア人たちによって、太陽神のヘリオスがそこで彼の馬車を引く馬たちと共に、昼のあいだ天空を駈けめぐったあとに沐浴して、翌日の日の出のために元気をすっかり回復する、太陽の「若返り」と「再生」の泉にほかならぬと考えられていたわけだ。

エティオピア人の国はこのように、天と地がそこで接触し、区別が曖昧になる、世界の東と西の果てにあるために、そこでは天と地がたがいに遠く隔絶している世界の中央部においては、はっきり定まっていて混同がけっして許されぬ、天上の神々と地上の人間たちの違いまで曖昧で、そこに住むエティオピア人は、若さと寿命をはじめとして、背丈、美しさ、体臭の芳しさ、労苦なしに最良の食物が得られる極楽のような暮らしぶりなど、あらゆる点で一般の人類と違って、「ホス　テオイ（まるで神々のよう）」であることができると見なされていた。それだから彼らは神々との関係も、とうぜん異常に親密で、現在の世界で一般の人類にはけっして許されなくなっている、神々と同じ宴席に着く特権まで、エティオピア人は享受していると考えられていたわけだ。

（6）エティオピア征服の断念

現在の人間界を律している秩序の中で、明確に定められ保たれているもののけじめが、エティオピアでは曖昧になると見なされていたことは、『歴史』三、二四に見られる、エティオピアにおける死者の取り扱われ方に関する次の記述にも、はっきりと見ることができる。

そのあとで彼ら（カンビュセスによってエティオピアに派遣されたイクテュオパゴイ人の使者たち）は、最後にエティオピア人たちの墓を見物した。それはヒュアロスという透明な石から、次のようにして造られているという。まずエジプト人たちと同じやり方でか、または別な方法で、屍体を乾燥させた上で、全身に石膏を塗り、その上にできるだけ生前の面影に似せて、絵姿を描く。そのあとでそれを、中がうつろに造られたヒュアロス製の柱の内部に収める（ヒュアロスは、この国でふんだんに採掘され、加工がしやすい）。遺体は、柱の真ん中にあって透き通って見え、どんな不快な匂いも発せず、他の点でも醜いようなところは何もなく、あらゆる点で死者自身とそっくりに見える。この柱を死者に最も近い縁者たちが、一年の間自分たちの住居の内に置いて、あらゆるものの初穂を供え、また動物の生贄を捧げる、そしてそのあとで家から運び出して、町のまわりに立てるである。

つまりこれによればエティオピアでは、生者と死者の区別も、一般の人類のもとにおけるよりもずっと曖昧で、死者たちは生前とそっくりの姿を保ち続けたまま、死後も生者たちの近くに留まると見なされていたわけだ。

これらの報告を聞いてもカンビュセスは、エティオピアの征服を断念せずに、自ら大軍を率いて遠征の途についた。ところが行程の五分の一も行かぬうちに、彼の軍勢は携えて来た糧食が尽き果てて、荷駄を運ぶ獣たちまで、一頭も残さずに食い尽くしてしまった。そしてそれでもなおカンビュセスがこの惨状を意に介せずにひたすら進軍を続けて行くと、『歴史』三、二五に次のように記されている惨憺たる事態が発生したという。

兵士たちは、地上から何か生えているものが手に入ったあいだは、草を食べて生命をつないでいた。ところがそのうちに砂漠にさしかかると、彼らの中に恐ろしい行為を敢行する者たちが現れた。十人の中から籤を引いて、当たった一人を仲間の者たちが食べたのである。

それでこのことを知るとカンビュセスもついに、全軍が「共食い」をする事態に陥るのを恐れて遠征を中止し、軍勢を帰途につかせたと、ヘロドトスは記している。つまり現在の世界で人間は神々と混同することのけっして許されぬ明確な違いを定められている一方で、それと同時に他の動物からもはっきり区別されている。ところがあらゆるものの区別が曖昧なエティオピア人の国に近づくにつれて、カンビュセスの軍隊の兵士たちは、まず人間の労働の所産の畠の作物ではなく、自然に生え出る野草を食べることで、獣との区別を無くしてまるで草食獣のようになり、しまいには肉食獣のように「共食い（アレーロパギア）」まで始めた。古代のギリシア人は人間がゼウスから与えられている「正義（ディケー）」を尊んで、けっして共食いをせぬことが、他の動物たちとのもっとも根本的な違いだと考えていた。そのことは『仕事と日』の二七七〜二八〇行に、こう歌われている。

魚たちと、獣らと、翼を持つ鳥たちは、たがいに共食いしあう。
なぜなら彼らのあいだには、正義がないから。
だが人間たちには、ゼウスは、何物にもはるかに勝って最良のものである、正義を与えたもうたのだ。

それで人間と獣の区別が失われて、兵士たちが完全に野獣化しそうになったこの事態に直面して、無謀なカンビュセスもようやく遅まきながら、エティオピアが世界秩序の埒内においてしか生きられぬ常の人間には近づくことの許されぬ、人外境的な他界であることを思い知らされた。それで彼は、遠征を中止して退却したのだという。

つまり古代ギリシア人たちの幻想の中でエティオピアは、そこに住む人々が現在の世界でも、太古に黄金の種族の人間たちがしていた、まるで神々のような暮らしを続け、神々ともいっしょに宴会の楽しみに耽る謎多き場所だと考えられていた。だがエティオピア人たちが、この世界では人間にけっして許されない、そのまるで神々のような至福を享受できたのは、彼らがそこでは天と地が触れ合い、世界を律している秩序を成り立たせている区別がすべて曖昧になる世界の果てに住み、秩序の埒の外にいたことの故にありえたことだった。ペルシア帝国の版図をエティオピアまで拡げようと企てたことで、カンビュセスは世界秩序の埒の外にある境域を、むりやり中に取りこもうとした。だがエティオピアに向けて進軍して行くにつれて、動物との違いを喪失して行く自分の軍勢の兵士たちの有様を目の当たりにして、彼は自分が無謀な企てによって、けっきょくは秩序の中の区別を雲散させて、秩序そのものを崩壊させてしまおうとしていることを、まざまざと思い知った、それで現に自分が支配している世界の秩序を紊乱させて渾沌に陥れてしまわぬために、カンビュセスは無分別に始めてしまったエティオピア征服のための遠征を続けることを、ついに断念せざるをえなくなったのだとされているのだと思われる。

第三章　戦士にとって「奸計（アパテ）」が必要だったことの謎

(1) アパトゥリア祭の起源譚

紀元前五〇八年にクレステネスによってされたという改革の後のアテネでは、知られているように、旧来の四部族(ピュライ phylai)、ゲレオンテス(Geleontes)、ホプレテス(Hopletes)、アルガデイス(Argadeis)、アイギコレイス(Aigikoreis)に代えて、この改革によって設置された十の部族と、それら各部族の基礎的な下部単位として、これも改革に当たって設定された、当初は地縁集団だったデモス(区)が、市を構成するもっとも肝心な要素だった。だが旧来の氏族の下部単位だった、起源をポリスの成立以前にまで溯ると思われる古い血縁集団のフラトリアも、民主制下のアテネでも、相変わらず重要な意味を持ち続けていた。

アテネでは毎年ピュタネピオン(pytanepion)月(十月)のあいだに、フラトリアの祭りだったアパトゥリア(Apatouria)祭の日取りが、各フラトリアごとに定められていた。この祭りは三日の祭りの翌日がエピブダ(Epibda)と呼ばれ、「二日酔い」の日として知られていた(1)ほど盛大に挙行されていた。「若者(クロス)」の日でも、また「髪を切る(クラ)」日(理髪師はクレウスと呼ばれていた）でもあることから、クレオティスと呼ばれていた祭りの三日目には、その日までに十六歳に達した若者が髪を切って、それまでの成長を感謝して奉納し、彼がフラトゥリアに所属することが、祭りに出席した全成員の投票によって認定された。イオニア世界に共通するフラトゥリアの大祭だったこの祭りについてアテネでは、プラトン『饗宴』二〇八Dへの古注に引用された、紀元前五世紀のレスボス出身の著作家ヘレニコスの断片⑵や、アリストパネス『アカルナイの人々』一四六行への古注⑶（以下で古注⑴と呼ぶ）や、『平和』八九〇行への古注⑷（以下では古注⑵）などによって、次のような起源譚が伝承されていたことが知られている。

それによるとあるときアテネとボイオティア人たちのあいだで、国境に位置する地域（ホコリオン　エン　メトリオイス［古注⑴］、ヘラニコスによれば、一説ではそこはオイノエとパナクトンで、一説によればメライナという場所だった）の領有を争って戦闘があった。その時のアテネの王はテセウスの子孫のテュモイテスで、それに対するボイオティア人の王は、クサントス（古注⑴と⑵）またはクサンティオス（ヘレニコス）という、「金髪」を意味する名の人物だった。戦闘の勝負は両軍の総大将の一騎打ち（モノマキオン［古注⑵］）、モノマキア［ヘラニコス］）によって決せられることになり、ボイオティア人の王は自身が進んでその決戦に当たることを承知したが、老齢だったテュモイテスは自分がその役を引き受ける代わりに、敵の王との一騎打ちに応じる者に王位を譲ると言い、ピュロスからアテネに移住して来ていたメラントス（古注⑴、ヘラニコス）またはメランティオス（古注⑵）という、「黒い者」を意味する名の者が、その王の申し出に応じた。

一騎打ちの場に定められた野原（ト　アポリスメノン　ペディオン　エピ　ト　モノマケサイ［ヘラニコス］）で、両名が相対したところで、メランティオスは「奸計（ドロ）」を使って敵の王を斃した。古注⑵にはそのことが、「メランティオスが奸計でクラントスを討ち取った（ホ　メランティオス　ドロ　アイレイ　トン　クサントン）」と言われている。

自分に向かって来る敵王にメランティオスは、「ずるいぞ、クサントス。一人で来ると言ったのに、別の者がついて来ているじゃないか（アディケイス　オ　クサンテ、モノス　ペサス　パラゲネスタイ　カイ　デウテロス　パラゲノメノス）」と叫んだ。そしてこう言われたのを聞いてクサントスが、自分について来ているという者を見ようとして、後ろを向いたすきに、すかさず一撃を加えて敵を殺害したので、それによって両軍の係争の的になっていた土地はアッティカ領に決まり、メランティオスがテュモイテスに代わってアテネの王になった。それでアテネに勝利をもたらしたこのメランティオスの巧妙な奸計（アパテ）に因んで、ピュタネピオン月のフラトリアの祭りが、アパトゥリア祭と呼ばれることになった。古注⑵によれば、「奸計（アパテ）」に因んでこの祭りにつけられたより古い名は、アパテノリアだったが、それが後にアパトゥリアと呼ばれるようになったのだという。

古注によればこのときクサントスの背後には実際にディオニュソスが、古注(2)によれば「粗野な恰好で（アグロイキコ　メライノン）」、古注(1)によれば「黒い山羊（アイギダ　クレマティ）」の姿をして顕現していた。それでメラントスまたはメランティオスは、クサントスに不正を糾弾する声をかけて、彼を斃すことができた。それでこの出現による神助を記念してディオニュソスのために祭壇が築かれ、アパトゥリア祭でフラトリアの守護神としてのゼウス・フラトリオスおよびアテナ・フラトリアと共にディオニュソスが「黒い山羊（メラナイギス）」と呼ばれて祭られることになったのだという。

このアパトゥリア祭の起源譚で、「黒（メラントス、メランティオス）」と「金髪（クサントス、クサンティオス）」との「暗」と「明」の勝負に、自身も「黒い山羊（メラナイギス）」として顕現したというディオニュソスに助けられて、見事に勝ちを収め、一伝では「黒い場所（メライナ）」と呼ばれていた国境の土地を、アテネの領土にしたことを語られているメラントス（メランティオス）には、この祭りで見たようにしてフラトリアへの所属を認定された少年たちにとって、仰がねばならぬ模範としての意味があったことが明らかかと思われる。

この祭りで髪を切って奉納し、フラトリアへの所属を認定されることでこれらの少年たちは、子どもから「エペボイ（若者たち）」と呼ばれた年齢層への移行を遂げた。だがそれによって彼らはまだ、結婚し軍隊に編入される市民の資格を得たわけではなく、そのためにはその前にまず、それぞれの家（オイキア）の属するデモスの総会での審査と投票によりデモスの一員（デモテス）として認定を受けて、アテネの市民として名簿に登録されねばならなかった。

そのあいだにアテネでは彼らは、エペボイとして二年のあいだ厳しい訓練を受けながら各所の砦に常駐して、「ペリポロイ（巡邏する者たち）」と呼ばれた、国境を哨戒しながら警護する役目を果たさねばならなかった。国境の土地をめぐる隣国との争いで鮮やかな勝利を博したことでメラントスはその点でも、ペリポロイの任に当たるエペボイたちにとって、倣うべき手本の意味を持っていたことが明らかだと思われる。

ただ敵の王と一騎打ちをし、奸計を使って斃したというメラントスの戦い方は、ヴィダル＝ナケが指摘した(5)ように、紀元前六世紀の末以後のアテネで、デモスの一員として軍に編成された市民たちに求められていた戦闘のやり方とは、ほとんど正反対とも言えるほどはっきりと違っていた。当時の陸上での戦闘の主体は言うまでもなく「重装歩兵（ホプリタイ）」で、重い兜、胴鎧、脛当てを付け、左腕に大型の楯を、右手に長く太い突き槍を持ち、仲間の戦士たちと密集した隊列（パランクス）を組んで戦った彼らにも、また海戦で軍船の漕ぎ手を務めた者たちにも、ホメロスの叙事詩に歌われている英雄たちのように、投げ槍と長剣を振るってする一騎打ちの戦いで雌雄を決するやり方で、華々しい勲功をあげることはまったく不可能だった。つまり一騎打ちで「奸計（ドロス＝アパテ）」を用いて敵に勝利したメラントスは、エペボイとして国境地帯で受けた二年間の訓練の後にデモスの成員となり、前六世紀以後の戦闘では軍隊に編成されて、仲間の戦士と一体になって一糸乱れぬ戦いをすることを求められた戦士たちにとっては、倣うべき手本の意味をけっして持ち得なかったことが明らかと思われるわけだ。

だがヴィダル＝ナケも指摘している(6)ように、重装歩兵制への改革がされるより以前のギリシアあるいは、これも一糸乱れぬ戦いを求められた「軍団（レギオネス）」の戦闘方法が確立するより以前の古代ローマで、もとはインド・ヨーロッパ語族に共通のものだった、若者を一人前の戦士にする入社式的訓練の眼目だったのは、組織の一員となる順応力とは正反対に、平時には味方にとって非常な危険ともなる、ラテン語では「フロル（furor）」、ギリシア語では「リュッサ（lussa）」と呼ばれたような憤怒の狂熱に取り憑かれて、超絶の功業を達成する力を得させることだった。インド・ヨーロッパ語族のあいだでこの入社式の試練で、超絶的な猛威を振るって敵を殲滅する戦士になるためには、単身で「三重の敵」と戦って斃すことが必要とされていたことが、デュメジルによって、インド、イラン、ゲルマン、ケルト、古代ローマなどの伝承の比較から明らかにされている(7)。

（2）六歳で鍛冶屋の番犬の役をしたクホリン

このような戦士の入社式の意味を持ったことが明らかな、「三重の敵」との戦いのことはケルトの伝承ではとりわけ、アイルランドの英雄叙事詩の中で花形として大活躍をしている大勇士のクホリンについて、典型的と思われる形で物語られている(8)。クホリンは五歳になったときに、それまで彼を育てていた母のデヒテラが「まだ幼すぎる」と言って止めるのを聞かずに彼女のもとを離れ、伯父だったアルスター国の王コンホヴォルの宮廷にやって来て、そこで戦士になるための訓練を受けていた一五〇人の少年たちといっしょに暮らすようになった。それから一年後に次のような事件があって、もとの名がセタンタだったこの勇士はこのときから、クホリンという渾名で呼ばれることになったのだという。

ある日の午後にコンホヴァル王は、クランという鍛冶屋に招かれて、彼の館で催される宴会に家臣たちを連れて出かけた。途中で王の一行は、セタンタが仲間の少年たちと球技に興じているところに通りかかり、セタンタに宴会にいっしょに来るようにと声をかけた。そうするとセタンタは、「競技がまだ始まったばかりなので、勝負が終ってから一行の車のわだちの跡を辿って、遅れて行きます」と答えたので、コンホヴァルは甥をそこに残してクランの館に行った。

一行が館に着き宴会が始まろうとしたところでクランは王に、「ここにおいでの方たちのほかに、だれかあとから来られるお方があられますか」と訊ね、王が「だれもいない」と答えると、「それなら自分は、一〇〇人の力自慢の男たちがかかっても手に負えぬ獰猛な番犬を飼っていて、夜のあいだは放して館の番をさせているので、今晩もそうしてもよろしいですか」と訊ね、セタンタがあとから来ることをすっかり忘れてコンホヴァルが、「そうするように」と言うと、さっそくその犬を鎖から放した。

そこに球技で仲間の少年たちをさんざんに負かしたセタンタが、意気揚々として、一人でクランの館に近づいて来た。そうすると匂いを嗅ぎつけたクランの番犬がたちまち、牙と爪を剥き全身の毛を逆立て、けたたましい吼え声をあげて、凄まじい勢いで飛びかかってきた。それで館の中で身の毛のよだつ犬の咆哮を聞いたコンホヴァルと家臣の者たちはいっせいに、あとから来ると約束したセタンタのことを思い出し、てっきり彼が猛犬に八つ裂きにされたものと思いこんでまっ青になり、みな剣を手にして外に飛び出してみた。だがそこでみんなの恐怖心はたちまち、安心と非常な喜びに一変した。

なぜなら他に何の武器も持っていなかったセタンタは、球技に使っていた金属の玉を、向かってくる犬の大きく開いた口の中に力いっぱい投げ入れた。そしてその玉がのどと食道を通り抜け、胃と腸をすっかり尻から押し出したところで、二本の足をつかんで犬を振りまわして石の柱に叩きつけて頭蓋骨を粉砕したので、血みどろの犬の死体の残骸が見るに耐えぬ状態で、彼の足もとに転がっていたからだ(9)。

コンホヴァル王と家臣たちはこの光景を見て、いせいに歓声をあげて、六歳になったばかりのセタンタのこの信じられぬ勇気と怪力を誉め讃え、彼を宴会の席に連れて行って、王は大喜びで自分の膝の上に坐らせた。だがみなが歓呼している中で、クランは絶望し不安と悲しみに打ちひしがれた様子で、王にこう訴えた。

「あなたの甥御さまが今日、私の家においでになられたことは、私にとって大変な凶運となりました。忠実な番犬を無くしてしまった私の家は、夜のあいだ見張りをしてくれるものがいなくなりました。この先いったいだれが、私の財産と家畜の群れを守ってくれるでしょうか」。

そうするとそのクランに、セタンタは言った。

「落胆することはない。私があなたに与えた損害の償いは、私が自分でちゃんとつけるから。私はこれから国中を探して、殺してしまったのと匹敵する猛犬を、必ず見つけ出して連れてくる。そしてその犬が見つかるまでは、私自身があなたの番犬の役をして、夜のあいだあなたの財産を守ってあげるから」。

クランは心から感謝して、この申し出に承知した。そうすると王の相談役を務めながら少年たちを教育する役をしていたドゥルイド僧のカファが、この決着を賞賛してセタンタに、「このことを記念しあなたはこれからは、セタンタではなく、クホリンという名で呼ばれることになさい」と言った。

これを聞いてクホリンは最初は、「自分は母がつけてくれた名前のままでいたい」と言って、名を変えることを喜ばなかった。だがカファが、「このクホリンという名は、やがてみなの口に上って誉め讃えられ、あらゆる英雄たちの名の中で、もっとも恐れられるものとなるだろう」と言うと、「それなら私はその名で呼ばれることを承知し、そのことを自分の最大の名誉と考えることにします」と言った。それでこの英雄はこのときから、クホリン（Cu-Chulainn）という、クランの（Chulainn は鍛冶屋の名前の Culann の属格形）番犬（Cu）を意味する名で、呼ばれることになったのだという。

このようにして鍛冶屋の番犬の役をしたことがクホリンにとって、無敵の戦士への成長の端緒となる出来事となったことは、それによって彼に大勇士として以後の生涯にわたって負うことになる、クホリンという名が与えられたとされていることからも、明らかだと思われる。オセット人のナルト叙事詩の英雄バトラズが、鍛冶師のクルダレゴンによって鋼鉄の体を持つ大勇士に鍛え上げられた話や、ゲルマンの英雄シグルズ（＝ジークフリート）と鍛冶の名手の侏儒《こびと》レギンとの有名な関係に見られるように、ここであらためて詳説することは控えるがインド・ヨーロッパ語族の伝承には共通して、英雄の無敵の戦士への成長のために鍛冶師が重要な役を果たしたことが語られている。クホリンの場合には、このようにして鍛冶師と関係を結ぶことがあってから一年後に、次のような出来事があって、それによってそれまでは怪童だった彼がいよいよ、本格的な異能の戦士に仕上げられることになった経緯が物語られている。

(3) クホリンとネクタンの息子の三兄弟の戦い

ある日のことそのとき七歳になっていたクホリンは、「この日はどういう日ですか」と弟子の少年の一人に質問されたドゥルイド僧のカファが、「この日に最初の武器を手にする若者は、古今の英雄たちをすべて凌駕する偉大な戦士になり、不滅の栄誉を持つことになるが、長く地上に留まることはできず、短い命しか生きられないだろう」と、答えているのを聞いた。この言葉を聞くとクホリンは、すぐに伯父のコンホヴァル王のもとにまっしぐらに走って行って、「今すぐに自分に、武功をあげるのに必要な武器と戦車をください」と頼んだ。そしてこの突然の申し出に驚いた王が彼に、「だれに『そうせよ』と言われたのか」と訊ねると、「あなたの相談役をしているドゥルイドのカファです」と答えたので、王は納得して、「それなら自分で、好きなものを選ぶがよい」と言って、彼を宮殿の武器庫に連れて行った。ところがそこで彼が次々に取り上げて振り回した武器は、すべて怪力で粉砕されてしまい、クホリンが持って操ってみても壊れなかったのはただ、彼が最後に手にしたコンホヴァル王自身の槍と楯だけだった。王はそれで、「他の武器は、お前の役には立たないようだから」と言って、その自分の武器を彼に与えた。

そうするとちょうどそのときにドゥルイドのカファが、そこにやって来た。そして手に入れたばかりの武器を勇ましく構えているクホリンを見るとびっくり仰天して、「今日はじめて武器を手にしたこの少年の母親は、本当に可哀想に。どんなにか激しく泣かねばならぬことになるだろう」と叫んだので、王は驚いて、「この子にそうするように勧めたのは、あなたではなかったのか」とカファに訊ねた。カファが「自分にはそんなことを勧めた覚えはない」と言うと、王はクホリンに、「ではお前は私に、嘘をついたのか」と問い質した。

それでクホリンは伯父の王に、自分がカファが弟子の少年に述べた教えを聞いてからしたことを、ありのままに話し、そのあとにこう付け加えた。「何よりも大切なのは、私がこれからこの国のためにあげる手柄が、不滅の栄誉として、いつまでも人々に語り継がれることです。そのために私の生涯がいくら短くても長くても、そんなことはどうでもよいことです」。

この言葉を聞いてコンホヴァル王にできたことは、ただアルスター国にとっての至宝となるこの健気な甥を、有らん限りの愛情をこめて抱き締めることだけだった。

コンホヴァル王はそれから、クホリンに戦車を選ばせたが、どの戦車も彼が乗ると幼い足の凄まじい怪力で踏み潰されてしまい、彼は十七台の戦車を次々に潰してしまった。王はそれでしまいに自分の御者をしているイバルに命令して、彼自身が愛用している戦車に馬を繋いで引き出してこさせた。そうするとこの王の戦車はクホリンが乗っても壊れなかったので彼は、「これなら自分の役に立つ」と言い、王はその戦車を彼に与えた。

クホリンはそれからイバルに、コナルという勇士が単身で、国境の要衝を敵の攻撃から守っている場所に向けて、戦車を進めさせた。子どもが勇ましく武装してやってくるのを見るとコナルは、彼に笑いながら「そこのおちびさん」と呼びかけ、「お前はいったいだれだ」と訊ねた。クホリンは「今はまだだれでもないが、すぐにアルスターの最強の守護者になる者だ」と答え、コナルが「それにはお前はまだひ弱すぎる」と言うと、「そう言うのなら試しに一日、その場所を私に守らせてみろ」と言い返した。そしてコナルが、「ここへ次々に攻めて来る敵に、お前はどうやって立ち向えるのか」と言うと、「私の力を疑うのなら、ここで待っているのではなく私の方から、敵地に戦いに行くことにする。今日すぐに私は手に入れた武器を、敵の血に浸したいのだから」と言って、コナルの守っている国境を越えて行こうとした。

コナルはそれで、「そんならちょっと待て、お前を一人で危険に晒さぬために、私がついて行ってやるから」と言って、自分が戦車に飛び乗って、子どものあとを追い駈けた。クホリンはコナルの言うことに顧慮せずにどんどん進んで行ったが、コナルがそれでも追って来るのを見ると、大きな石を力いっぱい投げつけてコナルの戦車を壊してしまった。そしてコナルが、「なんということをするのか。これではもう私は、お前を守ってやることができないじゃないか」と叫ぶと、「それが私の望んでいたことさ」と叫び返して、どんどん敵地へ入り込んで行った。

やがて切り立った崖の上に城塞が聳え立っているのが見えてきたので、「あれはだれの城か」とクホリンが訊ねるとイバルは、「あの城の主こそ、アルスターの最悪の敵であるネクタンの息子の三兄弟で、『自分たちはいま生きている人数より多くのアルスターの戦士を討ち取った』と豪語しており、彼らに殺された味方の数は、去年一年だけでも一二〇人の九倍に昇っています」と答えた。これを聞くとクホリンはさっそく、イバルが懸命に止めるのを聞かずに、戦車をそのまままっすぐにその城に向かわせた。着いてみると城の前には芝生があって、そこに石が立てられ、その上に「この芝生に来た者はだれでも、城に住む者に一騎打ちの戦いを挑まずに立ち去ってはならない」という銘文が、刻まれていた。それを見るとクホリンは、その石を引き抜いて近くを流れている川の中に投げ込み、それから悠然と戦車から毛皮を下ろして芝生の上に敷き、その上で平気で眠りこんだ。

そうするとそこにまず、ネクタンの息子の三兄弟の一人のフォイルが城から出てきたが、そこにいるのが見るからに幼い子どもなのを見て、戦うことを拒もうとした。だが目を覚ましたクホリンは、「ここに来た自分には戦いを挑む権利がある」と言って、敢然と一騎打ちをし、どんな武器で突いても切っても傷を負わすことのできなかったこの難敵に、持っていた「二度鋳造された鉄の玉」(10)を投げつけて頭に穴を開けて殺して、首を切り取った。

するとそこにネクタンの二番目の息子が、兄弟の敵を討とうと、激しい復讐心を燃やして出てきた。彼は「最初の一撃で斃されぬ限り、けっして死なない」(11)という特権を持っていたが、クホリンはすかさず穂先に毒の塗られた槍を投げつけ、串刺しにして彼を一撃で殺して、首を取った。そうすると最後に、「燕」と渾名されていた、ネクタンの三番目の息子が出てきた。彼の特徴は常に水の上で戦い、水上にいる限り敏捷でけっして敵に負けないことだった。クホリンはそれで、怪力を揮って彼を水中に沈めておいて、そこで首を取った。

それからクホリンは、戦いの憤怒を激しく燃え上がらせている状態のままで、討ち取った敵の三つの首級を持って、アルスターの首府を目指して帰途についた。途中で疾走している鹿の群れに会うと、彼は二頭の鹿を捕えて戦車のながえに繋ぎ、そのあとで飛んでいる白鳥の群れを見ると、二十四羽の白鳥を捕えて、それらの鳥も戦車のながえに結びつけた。そして馬と鹿と白鳥に戦車を引かせて、まっしぐらに驀進して行くと、王城の城壁の上でそれを見た見張りの者が、恐怖に震え上がってこう叫んだ。「何とも凄まじい様子の戦士が、ここに向かって突進して来ます。すぐに何とかしないと彼は町に入って、アルスターの戦士たちを相手に殺戮をほしいままにすることでしょう」。

そうするとコンホヴァル王は、こう言った。「あの恐ろしい姿の子どもが何者かは、分かっている。あれは私の妹の息子で、国境を超えて敵国に行き、輝かしい手柄をあげて来たので、手は敵の血で真っ赤に染まっている。彼はまだ戦いにあき足りていないので、このまま町に入らせれば、ここにいる戦士たちはみな殺しにされてしまうだろう」。

それから彼は、こう命令した。「すぐに一五〇人の女たちに、淫らな真っ裸の姿で城から出て行かせて、あの子どもの前で恥部をすっかり剥き出させなさい」。それで女たちは言われた通り、丸裸で城の外に出て行って、クホリンに向かって自分たちの恥部を曝け出した。そうするとクホリンは、激しい羞恥に取りつかれてたまらず、とっさに女たちの裸と恥部を見まいとして顔を手で覆って背けたので、人々はそのすきに彼を戦車から下ろし、冷たい水の入った大桶を三つ持って来て、まだ戦いの憤怒に燃えている彼を、その中に浸けて冷やした、そうすると最初の桶の水は猛烈に沸き立ったために、桶は板も箍《たが》も壊れてばらばらになってしまった。次の桶の水は、桶を壊しはしなかったが、その中で拳ほどの大きさの泡を立てて激しく沸騰した、そして三番目の桶でようやく水の熱さが、ある人にはがまんできないが別の人にはどうにか耐えられるほどになり、クホリンの熱が服を着せられる程度になったので、人々は彼を盛装させて、彼の凱旋を祝って開かれた宴会の席に連れて行き、王の隣りに坐らせたという。

このときから彼は、戦場で憤怒に取りつかれて燃え上がるとそのたびに、デルバと呼ばれている異様な姿を取ることになった。そのときには彼は頭から足まで全身を、真紅の車輪に化した。そして手足にはそれぞれ七本ずつの指を持ち、目にはそれぞれ七つの瞳を持ち、その瞳の一つひとつの中に、七個ずつの宝石が煌めき、片方ごとの頬に、青と赤と緑と黒と四つの斑点が表われるなどしたという。彼はまた髪の毛の一本々々から燃える火花を放ち、片目を針孔ほど小さくする一方で、もう片方の目は蜜酒の大盃ほど大きく開き、上と下の顎を、口が耳までとどくほどいっぱいに離し、のどの奥がすっかり見えるほど両唇を大きく開き、頭の天辺から眩い英雄の光を輝かせることができたとも言われている。

(4) 単身でクリアティィイ三兄弟を斃したホラティィウス

このネクタンの息子たちとの戦いは、クホリンにとって、最初に武装をして敵とした戦いだった。その戦いのあいだにクホリンは、猛烈な憤怒に燃えて姿形まで異様に変貌させる力を持つことになったが、そのあとにその自分に取りついた熱を、まず女たちの裸身と恥部を見せつけられ、次に冷水の入った三つの桶に次々に浸けられて冷まされた上で、町に迎え入れられたことでクホリンはこのときから、戦場で異常な憤怒を燃え上がらせて、超常の姿に変貌を遂げては、そのあとでその状態のままでいては味方にも非常に危険となるその灼熱を、冷ますこともできるようになった。それでこのときの事件が彼にとって、超絶の大勇士になるための入社式の意味を持ったことが、明らかだと思われる。

そしてその入社式で彼は、ネクタンの息子の三兄弟という「三重の敵」と戦って斃したとされているわけだが、ヴィダル＝ナケは、その入社式的戦闘における「三重の敵」に対する勝利をクホリンが、尋常な戦いのやり方ではなく、前に見たアテネの伝説でメラントス＝メランティオスについて語られている「アパテ」とも比較できる、「計策（ruses）」と呼べるやり方で果たしたとされていることに注意している[12]。ところでこのクホリンがネクタンの息子の三兄弟としたという戦いの話をデュメジルは、ティトゥス・リウィウスなどの歴史家たちによって、ローマの三代目の王だったトゥルルス・ホスティリウスの時代にあったことが語られている、ホラティウスという名の若い戦士がしたという壮絶な戦闘の話と比較した[13]。その戦闘でこのホラティウスもやはり、最後には単身で、クリアティウスという名の三兄弟を相手にして戦って、この「三重の敵」を次々に斃したことを物語られている。デュメジルはそれでこのホラティウスの戦いの話にも、クホリンとネクタンの息子の三兄弟との戦いの話と同様に、インド・ヨーロッパ語族の伝承に由来する、戦士の入社式の話としての意味があることを指摘したわけだが、ヴィダル＝ナケはこの話でもホラティウスがやはり、一人で「三重の敵」を斃すために、「計策（ruse）」と呼べると思われるやり方によったとされていることに注意した(14)。

ホラティウスが一人で「三重の敵」を相手にして戦い、三人を次々に斃したときのことは、ティトゥス・リウィウスらによって、次のように物語られている。ローマが母市のアルバ・ロンガと戦ったときに、双方の市にはどちらにも、年齢もほぼ同じで武勇も拮抗していると思われた、三つ子の兄弟がいた。両市はそれで、一方はホラティウスたち（ホラティイ）、他方はクリアティウスたち（クリアティイ）という名だった、これらの三兄弟たちを戦わせてこの戦争に決着をつけ、勝った方の兄弟が属する市が、負けた方の兄弟が属する市の支配者となることに同意した。

こうしてホラティイとクリアティイは、前者はローマを後者はアルバを代表して、ローマ軍とアルバ軍の前線が対峙している中間で、三つ子の兄弟同士で死闘を演じることになったが、両軍が固唾を飲んで見守る中で、勝負の開始が合図されて、六人の戦士がそれぞれの祖国の運命を担って激突し、乱戦が始まるとやがて、ホラティイの内の二名が、それぞれが相手をしたクリアティウスに手傷を追わせながら、瀕死の傷を受けて倒れ、ホラティイの側は一人だけが、相手を負傷させながら自分は無事に生き残った。それでこの緒戦の結果を見てアルバ軍はすでに、三人と一人の対戦となったこの勝負で自分たちの側が勝利をすることを確信して、どっと歓呼の叫びをあげ、ローマ軍はこの成り行きに愕然とし、ほとんど絶望しかけて、三人の敵に囲まれながらただ一人だけが生き残ったホラティウスがどうするかを見守った。

そうするとホラティウスはとっさに、三人を同時に相手にしては自分に勝ち目はないが、傷を負っている敵一人ずつと戦えば、自分が勝てると判断して、逃げるふりをして後ろに向かって駈け出した。それでクリアティイは勝ち誇って追ってきたが、それぞれが受けている傷の所為で走る速度が違っていたので、追って行くうちに三人のあいだに次第に距離が開いた。ホラティウスはそこで、敵のあいだの間隔が十分になったと思われたところで、やにわに向き直って、まず自分のすぐ近くまで迫っていたクリアティウスに躍りかかって殺し、続けてもう一人のクリアティウスとも、三人目の敵がやって来るより前に対戦して斃し、そして三人目のクリアティウスが向かって来ると、「私はすでに二人のクリアティイを討ち取ったことで、兄弟たちの敵討ちを果たした。この残ったクリアティウスを私が倒すことで、ローマがこの戦争に勝利し、アルバを支配することになるのだ」と叫んで、敵ののどに剣を突き刺して殺し、その武具を剥ぎ取り、他の二人のクリアティイの死体からも、戦利品として装具を剥ぎ取った。

ローマ軍はそれで、自分たちがそれまで負けを信じかけて陥っていた非常な不安を、絶妙と思われたこの策を使って、勝利の驚喜に一変させてくれたホラティウスを、みなが夢中で熱烈な喝采をして迎え、そのあとに両軍はそれぞれの犠牲者たちを埋葬した。それから両軍は、一方のローマ軍は自分たちがアルバをついに従えることになった喜びに湧き、他方のアルバ軍はローマの支配を受けねばならなくなったことで悲嘆にくれながら、それぞれの市に帰還したが、そこでローマ軍が市に入ろうとしたところで、次のような事件が突発して、トゥルルス・ホスティリウス王とローマ人たちを、極度の困惑に陥れることになったと物語られている。

ローマ軍は、意気揚々として殺した敵から剥ぎ取った装具を戦利品として持ったホラティウスを先頭にして凱旋して来たが、ホラティイには妹がおり、クリアティイの一人と婚約していた。自軍の帰来を迎えに出た彼女は、その先頭を進んでくる兄の肩に、彼女自身が心をこめて婚約者に贈った外衣が掛けられているのを見ると、悲しみをどうにも押えられなくなって、髪をほどいて振り乱し、泣きながら婚約者の名を呼んだ。そうするとホラティウスはたちまち妹が、自分の勝利とローマ人みなの歓呼を喜ばずに涙を流したことに激怒して、やにわに剣を抜き泣いている乙女をこう叫んで刺し殺した。

「お前の婚約者のもとへ、行ってしまうがよい。死んだ二人の兄たちのことも、生き残った一人の兄のことも、祖国のこともお前は思わないのだから。ローマの女で、敵の死を泣く者は、みなこうして亡びるがよいのだ」。

これを見てローマ人たちは、呆然とした。なぜならホラティウスは妹を殺したことで、ローマの法に照らせば明らかに、次に述べるような厳罰を受けねばならぬ大罪を犯した。だがその大罪人となったホラティウスは、つい先ほど信じ難い働きによって輝かしい勲功をあげて、ローマに勝利をもたらした救国の英雄だったからだ。ホラティウスにはそれでいったんは定められていた通りに、頭を覆われて木から吊るされ、死ぬまで鞭で打たれるという厳罰が宣告された。

だがトゥルルス・ホスティリウス王の勧めによって、ホラティウスはこの宣告の可否を討議することをローマ人たちに求め、人々の論議が白熱したところで、ホラティウスの父が立ち上がって人々に、「どうか最前まで三人の息子と一人の娘に囲まれて幸せだった自分を、すべての子どもたちを無くしてしまう目には遭わせないでほしい」と、悲痛な声で訴えた。そして息子を抱き締め、彼が戦利品として持ち帰った、クリアティイの装具を指し示してこう叫んだ。

「あなた方があんなにも歓呼して迎えたこの私の息子が、頭を覆われ縛られて、木から吊るされ鞭打たれて死ぬのを見ることに、あなた方はどうやって耐えられるのか。市の城壁の中には息子が持ち帰ったこれらの戦利品があり、城壁の外には彼に討ち取られたクリアティイたちの墓がある。彼があげた輝かしい手柄のこれらの明々白々たる証拠が、この勇者が無残な刑に処せられて死ぬことに、断固として抗議しているではないか」。

この父親の言葉と、最悪の危険に直面しながら平然としている息子の勇気に心を動かされて、人々はホラティウスに下されていた処刑の判決を取り消した。ただそのことでホラティウスが犯した罪が、贖われずに放置されることにならぬように、父のホラティウスに対して国の費用で息子を罪から清めることが命じられた。父のホラティウスはそれで犠牲を捧げたあとに、道を横断する形に横木を置きその下を、頭を覆った息子に、くびきの下を通らせるようにして潜り抜けさせた。この横木は「姉妹の横木（sororium tigillum）」と呼ばれ、ティトゥス・リウィウスが著作した一世紀には、国の費用で修復されて維持されていたという。

（5）トールが心臓に三つの角をもつことで三重性を帯びていた巨人を斃した戦い

ホラティウスがクリアティイたちを討ち取ったあとに起こったというこの事件をデュメジルは、アイルランドの伝説で見たように、クホリンがネクタンの息子たちを殺害したために、起こったと物語られている出来事と比較した。ローマの歴史伝説ではホラティウスは確かにローマに帰還したときに、クホリンの場合のように、姿形まで奇怪に変貌させてしまうような、異常な熱に燃え上がっていたとされてはいない。だが出迎えに出てきた妹を、激しい憤怒に駆られて夢中で殺害してしまったときにはホラティウスは、味方にとっても危険となる戦いの熱に取りつかれた状態にあった。そしてこの息子の罪を清めるために父が執行したという、犠牲を捧げたあとに頭を覆った息子に、「姉妹の横木（sororium tigillum）」の下を通り抜けさせた儀礼には、アイルランドの伝説の中でクホリンが冷水の入った桶に浸けられて、熱を冷まされていることと、対応するところがあると思われる。

これらの類似からデュメジルは、この一人だけになったホラティウスが、単身で三人のクリアティイ兄弟を斃した話に、歴史伝説に変化したことで、随所でもとの神話が持っていた不思議さや超常性を失ってはいるが、もとはケルト伝説のクホリンの話と同様に、インド・ヨーロッパ語族の伝承に遡る、戦士の入社式の意味を持った話としての性格があったことを明らかにした。ホラティウスの場合にもクホリンと同様に、その入社式の意味を持った戦闘で彼が為し遂げた難事は、一人で「三重の敵」を相手に戦って勝つことだったが、その彼の勝利は、一人対三人の対決を一人対一人の対決の三度のくり返しに変えて、いったんは不可能に思えた勝利をローマにもたらした、絶妙だったと言うほかない当意即妙な術策によって得られたとされている。そしてこの術策にはヴィダル＝ナケが指摘したように確かに、アテネのアパトゥリア祭の起源譚で、メラントス＝メランティオスがとっさに用いたことが物語られている、不正を指摘することで敵の注意を自分から逸らせた、やはり当意即妙だった「策略（アパテ）」と、共通する点が見られる。

どちらも入社式的戦闘を物語っている、これらのケルトの英雄叙事詩とローマの歴史伝説の話で、クホリンとホラティウスが「三重の敵」に勝利するためにとっさに用いたとされているやり方に共通して、当意即妙な「計策」の性格が見られることからヴィダル＝ナケは、そのようなドロスと呼べるやり方を臨機応変に駆使して、難敵を斃す能力を得ることが、インド・ヨーロッパ語族に共通する伝承で古く、戦士が入社式で習得せねばならぬ肝心な要件と見なされていたことが想定できると考えた。そしてアテネのアパトゥリア祭の起源譚で、メラントス＝メランティオスが敵を斃すために用いたことを語られている「策略（アパテ）」も、これらと共通する当意即妙なドロス（ruse）であることからは、そのようなドロスを用いて敵にとっさに勝利する能力を得ることが、古代ギリシアでも古くは戦士にぜひとも必要と考えられていたことが推定されて、メラントス＝メランティオスの巧妙なアパテにはその点で、アパトゥリア祭でこれから戦士の訓練を受けることになるエペボイの仲間入りをした若者たちにとって、やはり倣わねばならぬ手本の意味を持っていたことが明らかだと主張したわけだ」(15)。

このヴィダル＝ナケの指摘が正鵠を射たものであることは、ここでこれまで検討してきたギリシアとケルトと古代ローマの所伝をさらに、他のインド・ヨーロッパ語族の伝承と比較してみることによって、いっそうはっきりと確かめることができると思われる。なぜならデュメジルによって明らかにされたように、ゲルマンとインドの神話にはとりわけ、それぞれの神界で戦士機能の代表者の地位を占めているトールとインドラが自身で、「三重性」を帯びていることが明らかと思われる敵を斃したことが物語られている(16)。そしてトールの場合には、その三重性を持つ敵との戦いで、インドラの場合には、その三重性を持つ敵を殺戮した結果として彼が次に相手にせねばならなくなった強敵との戦いで、どちらも「奸計」と呼べると思われるやり方で勝利したことが語られている。しかもそのトールとインドラが、そのためにそれぞれ案出したことが語られている「奸計」は、右に検討したケルトとローマの伝承で、クホリンとホラティウスが「三重の敵」を斃すために取ったとされているやり方よりも、アテネの伝説でメラントス＝メランティオスが使ったことが物語られているアパテとの類似が、明らかにいっそう著しい。そしてその「奸計（アパテ）」を用いた勝利によって、トールとインドラはこれから見るようにどちらも、ゲルマンとインドのそれぞれの神界で、戦士機能を第一人者として代表する神の地位を占めることになったとされているので、そのアパテによる勝利がどちらの神にとっても、その資格を獲得するために必要だった、戦士の入社式の意味を持っていたことが、明らかと思われるからだ。

トールが三重性を帯びている敵とした戦いのことは、十三世紀初頭にアイスランドの政治家で歴史家だったスノッリによって著された『散文のエッダ「詩語法二五～二六」』に、次のように語られている。あるとき神々の王オージンは、八本足で空を飛ぶ愛馬スレイプニルに乗って巨人の国ヨトゥンヘイムに行き、フルングニルという固い石でできて角が三つある心臓を持っている巨人のもとを訪れた。フルングニルが「素晴しい馬だ」と言ってスレイプニルを讃めると、オージンは、「これと匹敵する馬が、ヨトゥンヘイム中を探しても見つからぬことに自分は頭を賭ける」と言って自慢した。フルングニルはこの揚言に立腹して、「自分の馬のグッルファクシの方が、よく駈ける」と言って、憤怒に燃えてその馬に乗ってオージンを追い駈けた。オージンは猛烈な速さで、神々の住処のアースガルズに帰ったが、巨人はまっしぐらにあとを追い駈けて、またたくまにアースガルズの門内に突入してしまった。

神々はそれでフルングニルを酒宴に招いたが、フルングニルは酔うにつれて聞くに耐えぬ大言壮語を吐き、自分は神々の宮殿のヴァルハラを、ヨトゥンヘイムへ運んで行って、アースガルズを海に沈めてしまい、女神のシヴとフレイヤを除くすべての神々をみな殺しにして、二人の美女の女神はヨトゥンヘイムの自分の家に連れて行くと言い、フレイヤに酌をさせながら、神々のもとにあるビールをすっかり飲み干してしまうと広言した。神々はそれでたまりかねて、そのときそこに不在だったトールの名を、大声で呼んだ。

そうするとトールはたちまち、憤怒にまっ赤に燃え上がってその場に姿を現わし、武器の鉄槌ミヨルニルを振り上げて、巨人に打ちかかろうとした。フルングニルはそれで、「自分がいま武装していれば、この場ですぐトールとの勝負に応じるのだが、自分は楯と武器の砥石とを、家に置いて来てしまった。武器を持っていない自分と戦ったのでは、勝ってもトールにとって、大した名誉にならないだろう」と言った。そしてトールと自分があらためてどちらも武装して、グリョートトゥーナガルという場所で決闘をすることにしようと提案し、トールはそれが彼にとってはじめて、敵から申しこまれて決められた場所でする果たし合いだったので、喜んでこの挑戦に同意した。

その決闘の場所にトールは一計を案じて、従者のシャールヴィという名の若者を、自分より前に行かせた。フルンニグルは頑丈な石でできた、幅が広くて厚い大楯を自分の前に構えて、トールを待ち受けていたが、シャールヴィは主人を裏切って来たように見せかけ、その巨人のもとに行って、こう言った。

「楯をそんな風に前に構えていても、何の役にもたたない。楯は地面の上に置いて、その上に立たなければだめだ。トールは地面の下をやって来て、下から打ちかかって来るのだから」。

フルングニルはそれで急いで、楯を足の下に敷いてその上に乗った。そうするとたちまち空に稲妻が輝き、雷鳴が激しく轟いたと思うと、憤怒に燃えたトールが姿を現わして、彼に遠くからミョルニルを投げつけた。フルングニルはそれに向かって、自分の武器の砥石を力いっぱい投げつけたが、その石は空中で鉄槌に当たって粉々に砕け、その破片が現在でも地中に見つかる砥石になり、大きな破片の一つは、トールの頭に突き刺さった。ミョルニルはフルングニルの頭のまん中に命中して、巨人の頭蓋骨を粉々に砕いたという。

トールの頭に刺さった砥石の破片は、世界の終わりの時まで、そのままの状態で残ることになった。彼がそれを刺したままで、自分の住んでいるスルーズヴァンガルに帰って来ると、そこにグローアという巫女がやって来て、呪文を唱えて砥石を頭から取ることができるようにしようとした。そうすると砥石がゆるんで取れそうになったので、トールは喜んで、この治療の謝礼にグローアを嬉しがらせてやろうとした。そして自分はアウルヴァンディルという彼女の夫を、籠に入れて背負って、ヨトゥンヘイムからエーリヴァルという原初の氷の河を越えて運んで来てやったが、途中で彼の足指の一本が、籠から外に突き出て凍ってしまったので、それを天に投げ上げて「アウルヴァンディルの足指」という星にした。それでアウルヴァンディルはしばらくすれば、彼女の待っている家に帰って来るだろうと、教えてやった。この朗報を聞くと、グローアは大喜びをした余りに、呪文の続きを忘れてしまった。それで砥石がそれ以上は抜けなくなって、トールの頭に刺さったままになったのだという。

このフルングニルとの決戦がトールにとって、無双の戦士への入社儀礼の意味を持つものだったことは、スノッリによってそれが彼がはじめて、敵から申しこまれて決められた場所でした決闘だったと言われていることからも明らかだと思われる。そしてこの戦いのあとに彼の頭に突き刺さったままになり、この戦士神＝雷神の外貌の恐ろしさを、いやが上にも際立たせることになった、フルングニルの武器だった砥石には、デュメジルが指摘しているように、この入社儀礼を経たことでいっそう凄まじいものになったトールの怪力を誇示する「しるし（signe）」、「保証（garantie）」としての意味があった⒄。

この決闘で彼が相手にしたのは見てきたように、三つ角のある心臓を持つことで、三重性を帯びている敵だった。そしてその敵を斃すために彼が用いた、自分の従者にトールが地下から攻撃しようとしていると言わせ、敵に足の下に楯を構えさせておいて、空中から雷霆である鉄槌を投げつけ、頭蓋を粉砕して殺したというやり方には明らかに、アテネの伝説でメラントス＝メランティオスが、敵の注意を自分が与えようとしている打撃から逸らせるために使ったと語られている「奸計（アパテ）」と、酷似しているところが認められる。

(6) ヴリトラを殺すためにインドラが使った奸計

インドの古神界でもともとは戦士機能を主管する神だったインドラにとって、彼がそうなるために戦って殺さねばならなかった相手は言うまでもなく、この殺戮の結果インドラがヴリトラ・ハン（ヴリトラの殺害者）という渾名で呼ばれることになったことからも明らかなように、世界を旱魃に陥れていた、恐ろしい巨竜のヴリトラだった。このヴリトラは、あらゆるものを自在に創造する力を持つ偉大な工作神のトヴァシュトリが、彼がその前にまず造り出したトリシラスともヴィシュヴァルーパともいう、三つの頭を持つ怪物の息子が、インドラによって無残に殺されてしまったことに激怒して、今度こそインドラを亡ぼそうとして創造した息子だった。『マハーバーラタ』五、九、三～八によれば、トヴァシュトリがトリシラスを造ったのは、インドラを憎んで、インドラが占めている神々の王の地位を、トリシラスに取って代わらせるためだった。この怪物の三つの頭は、それぞれが太陽と月と火に似ており、一つの頭の口で彼は聖典のヴェーダを学び、もう一つの頭の口で酒を飲み、三つ目の顔ですべての方角を凝視してその口で全世界を飲みこんでしまいそうな勢いを示し、感覚を厳しく自制してひたすら激しい苦行に耽った。

インドラはこれを見て、このままに放置しておいては彼が本当に三界を呑みこんでしまって、自分に取って代わるのではないかと恐れた。それでまず、神々が太古に悪魔たちと大洋を攪拌して不死の飲料のアムリタを生じさせたときに、その大洋から生まれた性的魅力の固まりのような、絶世の美女のアプサラスたちを、『マハーバーラタ』五、九、一〇～一一によればこう言ってトリシラスのところに送り出して彼を誘惑させて苦行を止めさせようとした。

「すぐにあのトリシラスが、享楽にこの上なく執着するようにせよ。急いで行って誘惑せよ。美しい尻の女たちよ、愛を高める衣裳を身につけ、魅力的な風情で誘惑せよ。どうか私の恐れを鎮めてもらいたい」(18)。

アプサラスはそれでインドラに、「あなたが彼を恐れることがないように、私達は彼を誘惑するために努力します。あの苦行者は、その眼ですべてを燃やすかのように坐っています。神よ、私たちは彼を誘惑するために、そろって行って参ります。彼を虜にし、あなたの恐れを除くように努力します」(19)と言った。そして出かけて行ってトリシラスの前で、手練手管の限りを尽くし、踊ってみせ魅力的な肢体を美しくくねらせて誘惑したが、トリシラスは感覚を完璧に制御して全く動じなかった。アプサラスたちはそれで帰って来て、こう言ってインドラに、トリシラスを誘惑して苦行を止めさせることは、どのようにしてもできないと告げた。

「主よ、彼は難攻不落で、平静さを失わせることはできません。気高い方よ、次にすべきことをなさって下さい」(20)。

インドラはそれでアプサラスたちをねぎらって退出させてから、沈思黙考した末についに、トリシラスの脅威を取り除くには、自分の手で彼を斃すほかに方法が無いと思い定めた。そして激しく憤怒を燃やし、無敵の武器のヴァジュラ（雷霆）を投げつけて、トリシラスを打ち殺したのだという。

ヴリトラは、インドラがこのようにしてトリシラスを殺戮したことに烈火のように怒ったトヴァシュトリが、『マハーバーラタ』五、九、四〇～四二によれば、「ひたすら感覚を制御して厳しい苦行に耽っていただけで、何の罪も犯さなかった私の息子を、理不尽に殺害したのだから、そのインドラを殺すために私はヴリトラを創造する」と宣言した上で、自分の力の絶大さを今度こそ世界とインドラに思い知らせようとして造り出した、この神の息子だった(21)。『マールカンデヤ　プラーナ』五、六～七によれば、このように決心を吐露したあとでトヴァシュトリは、自分の弁髪の一房を頭からむしり取って供物として火にくべ、それからヴリトラを誕生させたと言われている。その誕生したヴリトラにトヴァシュトリは、『マハーバーラタ』五、

九、四三によれば、「インドラの敵よ、私の力によって増大せよ」(22)と告げた。ヴリトラはそれでたちまち成長して、巨大な体躯と物凄い怪力を持つようになり、トヴァシュトリに「インドラを殺せ」と命令されて、猛り狂ってインドラとの戦いを始め、非常な激戦の末についにインドラをつかまえ、口を開いて呑みこんでしまった。インドラはそこであくび(ジュリンピカー)を創り出し、自分の体を小さくして、あくびをして開いたヴリトラの口から、辛うじて外に抜け出すことができた。それでこのときから世界中の呼吸する生き物に、あくびが宿るようになったのだという。

このあとなお熾烈な戦闘が続いたが、そのあいだもヴリトラは父神の苦行の力によってますます強大になったので、インドラは戦いを続けることをあきらめざるをえなくなり、自分の方から使者を送ってヴリトラと和睦しこの悪魔と友好の関係を結んだ。『マールカンデヤ プラーナ』によれば、その使者の任に当たったのは七人の賢者たちだったとされ、そのことが五、八〜九に、「この大悪魔が自分を殺す使命を負っているのを見て、シャクラ(=インドラ)は和平を望み、恐怖のあまり病気になって、彼のもとに七人の賢者たちを送った。彼らはインドラとヴリトラのあいだに、友誼と協定を締結した」と言われている(23)。

この協定によってインドラは、彼が昼も夜も、乾いたものでも濡れたものでも、石によってても木によっても、また通常の武器によってもヴァジュラによっても、ヴリトラを殺すことはけっしてしないと固く約束した(24)。そしてこれによって自分は、インドラに殺されることがなくなったと信じ安心しきっているヴリトラを、夜ではすでになくなっているがまだ昼間になってはいない夜明けに、乾いたものでも濡れたものでもない泡を投げつけて殺した。『マハーバーラタ』五、九、三八には、このときにインドラが投げつけた泡の中に、彼にこの企みを教えた大神のヴィシュヌが入りこんで、ヴリトラを殺したと言われている(25)。

インドラが彼にとって最強の敵だったヴリトラと戦わねばならなくなったのはこのように、その前に彼が三つの頭を持つことで三重性を帯びていたトリシラスを斃したことの結果だった。そしてその三つ頭の怪物を殺したためにせねばならなくなった、そのヴリトラとの戦いでインドラは、まともなやり方では勝つことのできなかったこの強敵を斃すために、奸計と呼ぶほかないと思われる術策を用いたことを物語られている。つまりゲルマンの神話に見たようにトールが、三重性を帯びた敵を、術策によって騙し斃したことを物語られているのに対して、インドの神話ではインドラは、まず三重性を帯びた敵を殺し、そのあとにそのために彼が次に戦わねばならなくなった強敵を、術策を用いて騙して殺したとされているわけだ。そしてトールとインドラはどちらも、この「三重の敵」の殺害と術策を用いた勝利によってそれぞれが、ゲルマンとインドの神界で、戦士機能を主管する無敵の戦士神としての地位を確保することになったとされている。トールとインドラの神話からはこのように、ギリシア語でアパテともドロスとも呼ばれたような奸計を用いて強敵を斃すことが、「三重の敵」との戦いに勝利することとともに、ケルトと古代ローマの伝説の中のクホリンとホラティウスの話からも推定されるように、インド・ヨーロッパ語族のあいだで古く共通して、無敵の戦士である神または英雄がそうなるための入社儀礼の意味を持つ戦闘で、果たさねばならぬ要件と見なされていたことが、はっきりと確かめられると思われる。

(7) ヘラクレスとゲリュオン

無敵の戦士が「三重の敵」を退治したギリシア神話の話としてデュメジルは、ヘラクレスがゲリュオンともゲリュオネウスとも呼ばれる怪物の巨人を殺害した、有名な冒険譚をあげている(26)。この巨人は体の肩から上と腰から下がそれぞれ三つずつあり、三つの頭と六本ずつの手と足を持ち、世界の西の果てにあるエリュテイアという島で、赤い牛の群れを飼い、エウリュティオンという牛飼いにその世話をさせ、オルトロスという二つの頭を持つ猛犬に番をさせていた。ティリュンスのエウリュステウス王の命じる十二の至難事を果たしていたあいだにヘラクレスは、その難業の一つとして、この怪物ゲリュオンから牛の群れを奪ってくることを命じられた。それで苦労して大地の西の果てに行き着いたところで、太陽神のヘリオスから、巨大な黄金の杯を借りた。そしてヘリオスが日没後に、大地を取り巻いて流れている大河のオケアノスの上を、西から東に航海するのに使う乗り物のこの杯でオケアノスを渡ってエリュテイア島に行き、エウリュティオンとオルトロスを殺して牛の群れを奪い、そこに駈けつけてきたゲリュオンも殺害した。それから牛を黄金の杯に乗せて、オケアノスを渡ったところで杯はヘリオスに返し、そこからまた長い旅をして、こうして手に入れた牛をはるばるティリュンスまで連れ帰ったという。

ゲリュオンは確かに、三人の巨人が胴体のところで一体に合わさった怪物だったとされているので、インド神話のインドラの敵の三つ頭のトリシラスや、ゲルマン神話のトールの敵の心臓に三つの角があったという巨人フルングニルなどよりも、いっそうはっきりと奇怪な三重性を持った存在だった。だがインドラやトールの場合と違って、この「三重の敵」を斃したことがヘラクレスにとって、無敵の戦士となるための入社式の意味を持つ試練だったとは、見なすことが難しいのではないかと思われる。

エウリュステウスに命じられた難業を果たすより前にヘラクレスはすでに、テバイに住んでいた十八歳のときに、キタイロン山に住んで牛の群れを荒らしていた、巨大な怪物のライオンを退治したことで、至難事だった手柄をあげて、勇名を天下に轟かせていたと言われている。

彼は五十日にわたって狩りをしてついにこの難敵をしとめたが、そのあいだ毎夜、このライオンの害に苦しんでいたテスピアイの王テスピオスの館に泊まって歓待を受けた。テスピオスには五十人の王女がいたが、「ヘラクレスの子をできるだけ多く孫に持ちたい」と思ったこの王は、毎夜一人ずつ別の娘をヘラクレスと同衾させた。ヘラクレスは昼間の狩りに疲れきっていたためにそのことに気づかず、毎夜同じ娘を抱いていると思いこんでいた。王女たちはそれでみなヘラクレスの息子を妊娠したので、彼はけっきょくテスピアデスと呼ばれる、五十人の男の子の父親になったと言われている。

このあとに彼はテバイのために、もう一つの大きな手柄をたてた。テバイは以前にオルコメノスと戦争をして負け、そのときから毎年オルコメノス王から、貢物として百頭ずつの牛を取り立てられていた。ライオン狩りから帰る途中で彼は、オルコメノスのエルギノス王が、この貢物を取り立てるために、テバイに派遣した使者たちを捕え、彼らの鼻と耳を削ぎ取って首に吊るし、「これが貢物だとエルギノス王に言え」と言って、オルコメノスに追い返した。そして怒ったエルギノスが攻めて来ると、敵軍と戦いさんざんに打ち破ってエルギノスを討ち取り、オルコメノスはこのときからテバイに毎年、二百頭の牛を貢物として送らねばならぬことになった。

テバイの王クレオンはそれでこの功績に感謝して、自分の長女のメガラをヘラクレスにめあわせた。彼はこの妻を愛して何人もの子どもを生ませ、幸福な暮らしをした。だがそうするとゼウスが人間の女のアルクメネを愛人にして、ヘラクレスを生ませたことに嫉妬して彼を目の敵にしている、ゼウスの妃のヘラがそれを見て怒って、ヘラクレスを発狂させたので、彼は自分の子どもたちを敵と思い違えてみな射殺してしまった。そしてそのあと正気に返ったところで、デルポイにあるアポロンの神殿に参詣し、そこで告げられる神託に、「何をすれば罪を償えるか」と尋ねた。そしてこのようにしてデルポイで受けた託宣に従って彼は、エウリュステウス王に仕えて、その命じる難業を果たさねばならぬことになったのだとされている。

ゲリュオンの牛の群れを連れて来たのは普通には、ヘラクレスがエウリュステウスに命じられてした十番目の難業だったとされている。それより前に彼はまず最初の難業として、ネメアに住んでいた恐ろしい怪物のライオンを退治して、その皮を剥ぎ取った。このライオンはどんな刃物でも傷つけることのできぬ体を持っていたが、ヘラクレスは棍棒を振るってこの怪物を、出入り口の二つある洞穴の中に追い込んだ、そして一方の口を完全に塞いでおいて、もう一方の口から入って行って中にいるライオンの首に腕を巻きつけ締めつけて窒息させ、それからライオン自身の爪を使って、刃物を通さぬその皮を剥ぎ取った。そしてこのときから彼はこのライオンの皮を身に纏い、頭を兜の代わりに被るというお馴染みの扮装をすることになったので、そのことでこの冒険がヘラクレスにとって、彼がこの姿をした無敵の英雄になるための入社儀礼の意味を持ったことが明らかだと思われる。

その次には彼はまた二番目の難業として、レルネの沼にいた猛毒の水蛇のヒュドラを退治していた。この怪物は九つの頭を持っていてまん中の頭は不死で、他の頭も一つが切られると、切り口から二つ新しい頭が生えて出た。この冒険には彼は馬に引かせる戦車に乗り、イオラオスという甥を御者にして連れて行った。ヒュドラの頭を切っても、そのあとにどんどん頭が生えてくるのでヘラクレスが難渋していると、イオラオスは近くの森に火をつけ、そこから燃えている木を取って来ては、ヘラクレスがヒュドラの頭を切り落とすたびに傷口を焼いて、新しい頭が生えてこないようにした。他の頭をすべて始末したあとでヘラクレスは、最後に一つだけ残った不死の頭を地中に埋め、その上に巨大な石を押さえに置いて、けっして出て来られないようにしたという。

このメネアのライオンやレルネのヒュドラと比べるとゲリュオンは、奇怪な三重の姿をしていてもヘラクレスにとって、けっして斃すことが困難な敵ではなかった。この巨人が住むエリュテイア島に行くためにはヘラクレスは見たように、非常な苦労をしながらきわめて長い旅をせねばならなかった。だがいったんそこに行き着いたあとには彼は、番犬のオルトロスと牛飼いのエウリュティオンを難なく殺して、牛の群れを手に入れたあとに、ゲリュオンが自身で向かって来ると、棍棒と共に彼の愛用の武器だった弓を使って、三本の矢で敵を射て殺したと言われている。また前五二〇～五一〇年頃にカクリュリオンによって製作された酒杯に、エウフロニオスによって描かれた絵では、彼は右手に持った弓矢で足元に死んで倒れているオルトロスと、三重の巨人の一人を射殺したのちに、槍で攻撃してくる残りの二人の巨人を、左手に持った棍棒で殴り殺そうとしているところを描写されている。ゲリュオンを殺すためにヘラクレスが、アパテまたドロスと呼べるような奸計を用いたということは、現存する資料のどこにも記されていない。

ゲリュオンのほかにもヘラクレスは、三重性を持つ怪物と戦って負かしたことを物語られている。最後の十二番目の難業としてエウリュステウスは彼に、冥府の番犬のケルベロスを連れて来て見せることを命じた。ケルベロスは、口から火を吐く犬の頭を三つ持ち、尾は生きた蛇で、背中からも多くの蛇が生えているという恐ろしい怪物だったが、この三つ頭の猛犬に、自分の言うことを聞かせるためにも、ヘラクレスは何の奸計（アパテ）も使わなかった。この冒険でヘラクレスが為し遂げた至難事は、この三つ頭の怪物を従わせたことよりも、フランスのギリシ学者のファルスリエールとドゥヴァンベズも指摘している(27)ように、生者にはけっして行くことができず、いったん中に入った者は出て来ることができないはずの死者の国まで、生きたまま旅をしてそこからまた帰って来たことだった。

そのため彼は、まずアテナに教えられてエレウシスに行き、そこのデメテルの神殿で密儀を受けて、冥府へ行くための準備をした。それからラコニアのタイナロン岬に行き、そこから冥府まで通じている長い地下の道を、死者の魂を冥府に連れて行くことを役目の一つにしているヘルメスに道案内をしてもらって通り抜け、ハデスの館に行って、「ケルベロスを地上に連れて行って、エウリュステウスに見せることを許してもらいたい」と、ハデスに要求した。そしてこの途方もない頼みにびっくり仰天したハデスが、そんな無茶なことはあきらめさせようとして、「何の武器も使わずにできるのなら、そうしてもよい」と言うと、少しも臆せずにケルベロスにつかみかかって、この怪物の三つの首を両腕で力いっぱいに締めつけた。そして蛇の頭に全身を噛まれてもひるまずに、腕の力をゆるめずにいると、ケルベロスは降参して、まるで飼犬のようにヘラクレスに従順になった。ヘラクレスがそれでケルベロスを連れ帰って見せると、エウリュステウスはその想像を絶するほど恐ろしい姿に肝を潰して、避難所として準備しておいた頑丈な青銅の甕の中へ逃げこんだ。そして「そんな物凄い化け物は、一刻も早くもとの冥府へ連れて帰ってくれ」と、泣きながら叫んだので、ヘラクレスはケルベロスを冥府へ連れ戻して、ハデスに返したという。

(8) ペルセウスとゴルゴ・メドゥサ

ヘラクレスが人間の英雄だったあいだに、くり返してしたとされている「三重の敵」との争闘はこのように、どちらも彼にとって入社儀礼の意味を持ったとは思われないし、その戦いのあいだに彼が、相手を負かすために奸計を使ったことも物語られていない。だがギリシア神話には英雄が、彼がした最初の戦いで三重性を持った敵と対戦し、まともに戦ったのでは勝つことが不可能だったその難敵を、神々に助けられて案出した巧妙と言うほかないと思われる術策を用いて、斃したことを物語っている話がある。それはヘラクレスの曽祖父で、ギリシア神話に登場する超人的大勇士たちの嚆矢と見なせるペルセウスが、ゲリュオンの祖母だったとされているゴルゴのメドゥサの頭を切り取って殺した話だ。

ペルセウスの母のダナエは、アルゴスのアクリシオス王の一人娘だった。アクリシオスにはこのダナエのほかに子ができなかったので、どうすれば男の子が得られるか神託に尋ねると、ダナエからやがて男の子が生まれるが、その子は祖父の王を殺すことになるだろうと告げられた。アクリシオスはそれでそうなることを避けようとして、地下に密閉された青銅の室を造って、その中にダナエを世話をする乳母と二人だけで閉じこめて住まわせ、だれも彼女に近づくものが無いようにしていた。だがダナエの美貌に目を止めたゼウスが、黄金の雨に変身して屋根のすきまからその密室の中に降りこみ、ダナエと交合したので、彼女は妊娠してペルセウスを産んだ。地下から聞こえてくる子どもの叫び声によって、ダナエが出産していることを知ったアクリシオスは、びっくり仰天して、彼女を地下室から引き出し、父はだれかと問い質した。そして忍んで来たゼウスと関係したという彼女の話を信じずに、ダナエをペルセウスといっしょに、上に息抜きの穴をあけた木の箱に入れて海に投げ入れた。するとこの箱は、波によって海の上を東に運ばれて、エーゲ海に浮かぶセリポスという島の近くに流れ着いたところで、この島に住むディクテュスという親切な漁師の網にかかって陸に引き上げられた。そしてディクテュスは、箱の中から助け出したダナエとペルセウスを、自分の家にかくまって住まわせたので、ペルセウスはこのディクテュスの庇護を受けて、だれよりも立派な強くたくましい若者に成長した。

ところでディクテュスの兄のポリュデクテスはセリポス島の王だったが、この王は親切な弟とは、まるで気質の違う暴君だった。彼はディクテュスの家にいるダナエを見初めて、執拗に結婚を迫るようになった。そしていつも母の側にいて守っているペルセウスがそのための邪魔になるので、なんとかして彼を排除したいと考えた。それであるとき宴会を開いて、島の名士たちと共にペルセウスを招待し、そこに集まった客たち全員に、馬を一頭ずつ自分に贈るように要求した。ディクテュスに養育されていたペルセウスはもとより、王に贈れるような馬を持ってはいなかった。彼はそれでそのことを釈明しようとしてついうっかり、「馬を王さまにさし上げるのは私にとっては、ゴルゴの頭を取ってこいと言われるよりも難しいことです」と、口走った。ポリュデクテスはさっそくその言葉尻を捕えて彼に、「それならそのゴルゴの頭を取ってこい」と申し渡した。

こうしてペルセウスは、ゴルゴの頭を取って来るという、不可能と思われた至難事を果たさねばならぬことになった。これは彼にとって、自分がどんな難事でもやり遂げられる超人的な英雄であることを示すことになった最初の冒険だった。なぜなら彼は見たようにこのときまでに、だれの目にも勇壮に見える立派な若者に成長していた。だが自分の持つ力を発揮する機会となる試練には、遭遇していなかったからだ。

ゴルゴは世界の西の果てに住む三人姉妹の世にも不気味な怪物たちで、髪は生きた蛇で体は竜の鱗で覆われ、口からは猪の牙に似た巨大な牙が生え、手は青銅で黄金の翼を持っていて空を飛ぶことができた。目は身の毛もよだつ凄まじい輝きを放ち、恐ろしい顔を一目見る者はたちまち石になってしまった。三姉妹のそれぞれの名はステンノとエウリュアレとメドゥサで、その中で殺すことができたのは末の妹のメドゥサだけで、ほかの二人の姉たちは不死だった。しかもそのメドゥサの頭を取ると言っても、ゴルゴたちのいる場所に行く道を知っている者もいなかった。ペルセウスはそれで、ゴルゴの頭を取って来るために何をすればよいのかいっこうに分からずに、自分が軽はずみに口にしたことを後悔しながら、ただ困惑するばかりだった。

だがペルセウスが困り果てていると、そこに二人の神が彼の前に現われた。一人は優れた英雄が手柄をあげるのを助けることを、自分の役目と考えている女神のアテナで、もう一人は生まれつき大泥棒の才能を持ち、誕生のあとすぐにそのことをアポロンの五十頭の牝牛を盗んで証明して見せたと言われている、目から鼻へ抜ける奸知の固まりのようなヘルメスだった。アテナは臨機応変の知恵の化身の女神メティスの娘で、自身も母親譲りのそのメティスを神々のあいだで駆使する知恵の女神だ。ペルセウスはそれでこの二人の知恵者の神たちに助けられて、尋常のやり方ではけっしてできるはずが無かった、ゴルゴの頭を取るという至難事を、この上ないと思われる術策を使ってついにものの見事にやり遂げることになった。

ヘルメスはペルセウスにゴルゴの頭を取るために必要だった、翼が生えていて空を飛ぶことのできるサンダルと、どんな硬いものでも刈り取れる鋭利な刃のついた鎌を貸してくれた上に、冥府の王のハデスが持っている、被ると姿が見えなくなる隠身の兜を、彼のためにハデスから借りて来てくれた。アテナはペルセウスをまず、ゴルゴたちの姉でやはり三姉妹のグライアイたちのところへ連れて行ってくれた。グライアイはそれぞれの名をエニュオとペプレドとディノという、生まれつき醜い老婆の姿をした不気味な妖怪たちで、三人でたった一つずつの目と歯しか持たずに、それを交替で使って生活していた。ゴルゴたちのいる場所に行く道を知っているのは、彼女たちだけだった。ペルセウスは隠身の兜を被って彼女たちに近寄り、一人が別の一人に目を渡そうとしたときにその目を奪い取り、それを返す代わりに、ゴルゴたちのところへ行く道を聞き出した。彼はまた取ったゴルゴの頭を入れるためのキビシスという袋を持っているニンフのいる場所を、グライアイたちから聞き出し、そこに行ってそのキビシスを手に入れた。

それから彼は隠身の兜を被り、鎌とキビシスを持ち、有翼のサンダルで空を飛んでその場所に行ってみると、ゴルゴたちはちょうど眠っていた。だがその姿を見たものはたちまち石になってしまうので、ペルセウスは彼女たちを直接見ることができなかったが、アテナがそこに鏡のように磨いた楯を差し出してくれたので、その楯に映った姿を見て、三人の中で一人だけ殺すことのできたメドゥサの頭を鎌で刈り取り、見ないように顔をそむけたままキビシスの中に入れて、また空に飛び上がった。そうすると物音を聞いてメドゥサの二人の姉たちが目を覚まし、妹が首を無残に切られて死んでいるのを見て激怒して、空を飛びまわって犯人を探して捕えようとした。しかしペルセウスは隠身の兜を被っていたので彼女たちに見つからず、サンダルで空を飛んで無事に逃げることができた。

ペルセウスはこのようにして、それを達成したことで彼が超人的な英雄になった最初の功業で、三姉妹の怪物という「三重の敵」と対戦した。そして尋常なやり方ではわたり合うことが不可能だったその三重の難敵を、巧みな術策を使って敗北させ、三人のうちで一人だけ殺すことができたメドゥサを、討ち取ったと物語られているわけだ。

その上にこのメドゥサについてはさらに、インド神話でインドラが見たように、奸策を用いて、ヴリトラを斃すより前に、まず殺したことを物語られている、三つ頭の怪物のトリシラスに起こったとされていることと、酷似していると思われる出来事が語られているのだ。トリシラスは見たように、ヴリトラと同様にトヴァシュトリ神が、インドラの敵として造り出したこの工作神の息子で、そのトリシラスを殺したためにインドラは、この最初の息子の復讐をさせるためにトヴァシュトリが出現させた、ヴリトラと戦わねばならなくなったとされているので、ヴリトラとは正に切り離すことのできぬ関係で結ばれた存在だった。

ペルセウスがメドゥサの頭を切り取ったときにその首の切り口からは、空を飛ぶ有翼の天馬のペガソスが、人間の姿をして黄金の剣を持つクリュサオルといっしょに飛び出した。それはポセイドンがこの世にも奇怪な姿をした女怪を愛人にして、これらの子どもたちを懐妊させていたからだと言われている。ゲリュオンはこのクリュサオルが、オケアノスの娘の女神たちの一人のカリロエとのあいだに儲けた子だったという。それでメドゥサは前述したように、ヘラクレスが斃したこの三重性を持った巨人の祖母に当たっていたとされているわけだ。

このように頭を切り取られたあとから、空を飛ぶ存在が飛び出るということは、インドラがトリシラスを殺したあとにも起こったことが物語られている。インドラはトリシラスを雷で打ち殺したあとに、近くにいた樵夫に命じて、この怪物の三つの頭を切らせた。トリシラスは見たように、三つの頭の一つの口では聖典のヴェーダを学習し、一つの口では酒を飲み、一つの口では三界を呑みこんでしまいそうな勢いを示していた。インドラに命じられた樵夫がそれらの頭を斧で切ると、『マハーバーラタ』五、九、三五〜三九によれば、ヴェーダを学習していた頭からは山鳥たちが、酒を飲んでいた頭からは雀たちが、三界を呑んでしまいそうにしていた頭からは鷓鴣《しゃこ》たちが、いっせいに飛び出したと言われている。三姉妹であることで三重性を持っていた、メドゥサの頭の切り口から、有翼の天馬が飛び出したという話には、頭を三つもつことで三重だったトリシラスの頭が切られると、そこからいろいろな鳥が飛び出したという話と、吻合性があることが明らかだと思われる。

(9) メドゥサの頭とアテナ

メドゥサの頭は最後にはペルセウスからアテナに献上されて、この女神の楯の中央に、飾りとして取り付けられることになったとされているが、そうなるより前になお、ペルセウスの役に立ったことが物語られている。

キビシスに入れたメドゥサの頭を持ち、セリポス島を目指して空を飛んでいる途中でペルセウスは、美しい乙女が海辺の岩に縛りつけられているのを見て、彼女に恋をした。そこはエティオピアの上空で、乙女はアンドロメダという国の王女だった。アンドロメダの母のカッシオペイアは容色自慢で、「海の女神のネレイデスたちの中にも、自分以上の器量の者はいない」と、高言を吐いた。ネレイデスたちはそれで、自分たちの一人のアンピトリテをお妃にしている海の王のポセイドンに、この王妃の思い上がりを罰するように頼んだので、ポセイドンも怒って洪水を起こし海から怪獣を送ってこの国を荒らした。アンドロメダの父のエティオピア王ケペウスが、エジプトのアンモン神の神託を乞うと、「王女のアンドロメダを、人身御供として怪獣に捧げる以外に、この災いを終わらせる方途はない」と託宣されたので、彼女は海から出て来る怪獣の餌食にされようとしていたのだった。この経緯を知ったペルセウスは、さっそくケペウスに、「自分が怪獣を退治するので、王女を妻にもらいたい」と言って、そのことを承知させた。そして岩陰に隠れていて、やがて出て来た怪物をしとめ、アンドロメダを解放して王宮に連れ帰った。

ところがケペウスにはピネウスという弟がいて、この事件が起こるより前にアンドロメダと婚約していたが、彼女が怪獣の生け贄にされることになったために、その怪獣と戦って姪を助けることなど思いもよらずに、結婚を断念していた。それでペルセウスが怪獣を斃して、アンドロメダを妻にしようとしているのを見て、この結婚に異を唱え、一味の者たちを率いて攻撃をしかけてきた。ペルセウスはそこで、味方の者たちに声をかけて目をそらさせておいて、メドゥサの頭をキビシスから取り出して、押し寄せて来た者たちに見せた。ピネウスと仲間の者たちは、それでたちまちみな石になってしまった。

こうして妻にしたアンドロメダを連れて、ペルセウスがセリポス島に帰ってみると、彼が島を留守にしていたあいだに、ポリュデクテスの乱暴はますますひどくなり、ダナエは王の無理な求愛から逃れようとして、自分を庇護してくれているディクテュスといっしょに、ゼウスの祭壇にすがり、そのまわりをポリュデクテスが家来たちと取り囲んでいるところだった。その有様を見て怒ったペルセウスは、またメドゥサの頭をキビシスから取り出して見せて、ポリュデクテスと家来たちをみな石に変えてしまった。

このあと恩人のディクテュスをセリポス島の王にしたペルセウスは、それまでの冒険に使ったサンダルと鎌とキビシスと隠身の兜をヘルメスに返した。キビシスと兜はヘルメスから、それぞれの元の持ち主だったニンフとハデスとに返却された。そしてメドゥサの頭は前述したように、ペルセウスからアテナに献上されて、女神の楯の中央に飾りとして取り付けられた。

アテナは見たように、英雄たちが危難を恐れずに手柄をあげるのを助けることを役目にしている。その勇士たちの守護女神が掲げ持つ楯のまん中に付けられ、万人に仰がれるしるしとなったことでメドゥサの頭は、この女神を崇めその助けを受けようとする勇士たちに、ペルセウスが術策によって見事に為し遂げた大冒険のことをまざまざと思い起こさせる。そして自分たちもメドゥサを退治しその頭を取ってきてアテナに捧げたペルセウスの模範に倣って、神の助けを受け術策を駆使して、どんな難事をも達成したいという願望を奮い起こさせることになったのだと思われる。

アテナはじっさい見たように、戦いの女神であるのと同時に、臨機応変な知恵の化身の母の女神メティスから、その資質をそっくり受け継いでいる知恵の女神でもあり、助けようとする英雄に目覚ましい手柄をあげさせるために、自身が奸計（ドロス）と呼ぶほかないと思われるような術策を使うことがあると考えられていた。『イリアス』の第二十二歌には、この詩の花形の主人公でギリシア人に英雄の模範と仰がれたアキレウスのために、アテナがまさに典型的と思われるそのような奸計を使って、この大勇士がトロヤ方の総大将のヘクトルをついに討ち取るという、決定的な勲功を果たすのを助けたことが物語られている。

この詩の第十五歌には、アキレウスがギリシア方の総大将のアガメムノンに対する怒りから、戦いに加わらずにいたあいだに、ギリシア軍がさんざんに負け、船陣まで追いつめられて、乗ってきた船までトロヤ軍に焼かれてしまいそうになったことが物語られている。第十六歌にはそれで、この味方の窮状を救おうとして、アキレウスの親友のパトロクロスが、アキレウスから武具と軍勢を借り受けて参戦し、彼をアキレウス自身と思い違えた敵を船の側から追い払ったが、そのあとトロヤの城壁まで敵を深追いして行って、そこでヘクトルに討たれ、アキレウスの武具を剥ぎ取られてしまったことが歌われている。

このことを知らされるとアキレウスは第十八歌によれば、たちまち頭から灰をかぶって地面に倒れ伏し、髪をさんざんにかきむしり、悲痛な呻きと胸が張り裂けんばかりの叫びをあげて友の死を泣き悲しんだ。そして憎いヘクトルを討って、友の敵を取るために、すぐさま出陣しようとした。だがそこに海底の住処で愛息子の叫び声を聞いた。彼の母の女神のテティスが、姉妹の他のネレイデスたちを連れて海から出て来た。そして彼がパトロクロスに貸し、ヘクトルに分捕られてしまった武具に代わる新しい武具を、自分がヘパイストスに頼み製作してもらって、翌朝の日の出と共に持って来るのでそれまで待つようにと言って、アキレウスにすぐに出撃することを思い止まらせた。その日の戦闘が終わったあとに開かれたトロヤ方の集会では、大将の一人で知恵者の評判が高かったプリュダマスが、翌日に参戦してくるに違いないアキレウスと城外で戦うことはせずに、夜の内に全軍が市内に引き上げて、また籠城しようと提案した。だがヘクトルは、アキレウスがもし出てくれれば自分が相手をして雌雄を決すると言ってこの提案に反対し、トロヤ軍を城外の陣地に止まらせた。

それで翌朝テティスが約束した通り持ってきてくれた、ヘパイストスが製作してくれた兜と胸当てと脛当てを身に着け、武具の中でもひときわ目に立つ見事というほかない装飾を施された楯を持ち、アガメムノンと和解して出陣したアキレウスは、ひたすらパトロクロスの復讐を果たそうとする怨念に駆られ、豪勇を振るって敵をさんざんに殺しまくった。トロヤ軍はそれでたちまち雪崩を打って敗走し、トロヤの西の平原の市と海のあいだを流れるスカマンドロス河まで追い詰められ、そこから半分の軍勢は河を渡って市へと逃げ、残りの半分は河の流れの中に追い落とされた。アキレウスはそこで自分も剣を抜いて河の中に踊りこみ、手当たり次第に殺戮を続けたので、河の流れはしまいにはアキレウスに殺されたトロヤ勢の屍に堰き止められて、海に流れて行くこともできなくなった。もともとトロヤの味方だった河の神はそれで怒って、自身アキレウスに攻めかかり、逆巻く大波で彼を押し流して溺れさせようとした。だがそれを見たヘラが、火の神でもある息子のヘパイストスに命じて、火焔を激しく燃え上がらせて攻撃させたので、河神はたちまち岸に生えていた木も草も燃やされ、河水も沸騰させられて降参し、これ以上トロヤの味方をすることはしないと、ヘラに約束した。

そのあいだに残ったトロヤ勢は、われ先にと算を乱して市に向かって逃げ、アキレウスは手当たり次第に殺戮を続けながら、彼らのあとを追い駈けた。それで城壁の櫓の上からその有様を見た、トロヤの老王プリアモスは、城門をいったん開いて逃げて来た者たちを収容し、そのあとを追って来るアキレウスが市内に攻めこむことがないように、また門を固く閉めるように命令した。そのあいだにアポロンがアゲノルというトロヤ方の勇士の一人の胸に、勇気を吹き込んでアキレウスに立ち向かわせ、彼が討たれそうになったところで攫って戦場から避難させておいて、そのあとに自分がアゲノルとそっくりの姿になって、アキレウスの追跡を自身に引きつけて、トロヤ軍が市内に逃げこむのを助けてやった。

だが逃げのびたトロヤ勢が全員、市内に逃げこみ城壁の内に立て籠った中で、ヘクトルだけはただ一人で、トロヤの城門の一つのスカイア門の前に留まって、アキレウスを待ち構えていた。父のプリアモスは両手で頭を打って灰色の髪を掻き毟り、母のヘカベは胸をはだけ、嬰児の時ヘクトルがここから乳を吸ったことを思い出して、どうか願いを聞いてくれと言って乳房を剥き出して示し、城壁の内に入ってくれるように懇願したが、ヘクトルの決心を変えさせることはできなかった。彼は前夜のトロヤ人たちの集会でプリュダマスがした賢い提案に従わずに、大勢の将兵を死なせてしまった自分は、どうしても逃げずにここでアキレウスに敵わぬまでも立ち向かって、どちらが死ぬか一騎打ちの戦いをせねばならぬと、固く思い定めていたのだった。

だがそのヘクトルも、自分が追跡していたのがアゲノルではなくアポロンだったことに気がついたアキレウスが向きを変えて、パトロクロスの敵を取ろうという一念に燃え、軍神アレスを思わせる獅子奮迅の勢いで、自分を目指してまっしぐらに突進してくるのを見ると、たまらない恐怖に取りつかれてどうにも踏み止まっていられなくなり、無我夢中で逃げ出した。アキレウスはそれで、必死で逃げるヘクトルを激しく追い駆け、逃げるヘクトルと追うアキレウスは、トロヤの城壁のまわりを三周した。そのあいだアポロンが、目に見えぬ姿でヘクトルに付き添って、俊速のアキレウスの追跡から彼が逃れるのを助けてやっていた。

だがそこでゼウスが、アキレウスとヘクトルの「二つの死の運命（ドゥオ　ケレ　タネレゲオス　タナトイオ）」を量るために、黄金の秤を掲げ持って、一方の皿にアキレウス、他方の皿にヘクトルの死（ケラ）を載せ、秤のまん中をつかんで持ち上げた。そうするとヘクトルの死の定めの方が傾いて、冥府へと沈んだ。それで彼の死がもはや免れられぬことを知ったアポロンは、ヘクトルの側を離れ天に帰って行った。一方のアキレウスの傍らにはアテナがやって来て、「ヘクトルが逃げずに、一騎打ちの勝負に向かって来るように自分が仕向けるので、これ以上は追わずに待っているように」と、彼に告げた。

それからアテナは、プリアモスの息子たちの中でヘクトルに次ぐ武勇の持ち主だったたデイポボスの姿でヘクトルの側に行った。そして自分が助勢をするので、これ以上は逃げずにいっしょにアキレウスを迎え討とうと言って、彼を励ました。ヘクトルはそれで、弟が非常な危険を恐れずに、自分を助けようとしてわざわざ城内から出て来てくれたのだと信じてそのことを喜び、勇気を奮い起こしてアキレウスに向かって行った。だがアキレウスがまず彼に投げつけた槍をかわしたあと、自分の投げた槍がアキレウスの楯に当たって弾き返されたので、大声でデイポボスに呼びかけて、彼から代わりの槍をもらおうとすると、いると思ったデイポボスの姿はどこにも見えなかった。それでアテナにまんまと騙されていたことに気づき、自分の最後の時が来たことを知ったヘクトルは、せめて後世まで語り草になるような華々しい死に方をしようとして、あらん限りの勇気を振り絞り、剣を抜いてアキレウスに向かって行った。そして逆にアキレウスの槍で急所の喉笛を刺し貫かれて、ついに討ち取られてしまったという。

第二十二歌の二九九行によれば、ヘクトルはこのとき、自分がアテナにすっかり欺かれていたことを、「アテナが私を完全に騙した（エメ　デクサパテセン　アテネ）」と言って慨嘆した。つまり彼はアテナのアパテ（悪巧み）に、完膚なきまでに瞞着されたことを嘆いたとされているわけだ。このようにアキレウスにヘクトルを討たせるに当たってもアテナは、戦士にとってアパテ（奸計）が必要であることを、自らの範によって示したのだと思われる。

(10) トロヤの木馬の計略とアテナ

こうして敵の総大将を討ち取っても、アキレウスはその豪勇（ビア）で、トロヤを攻め落とすことはできなかった。ヘクトルが死んで、だれの目にも敗北が定まったと思われたトロヤには、そのあと次々に強力な援軍が加勢にやって来た。最初に来援したのはトロヤよりずっと東の辺境に女たちだけで住んで、ただ戦闘にだけ耽っている、剽悍な女戦士の種族のアマゾンたちで、自分は戦いの神アレスの娘だと言っている、勇猛無比で非常な美女だった、ペンテシレイアという女王に率いられていた。そのあとに来たのは曙の女神エオスの息子で、アキレウスに匹敵すると思われたほどの勇者だった、メムノンという王に率いられた、世界の東西の果てに住んでいるエティオピア人の軍勢で、どちらも猛勇を振るって、いったんはトロヤの敗勢をくつがえしてしまいそうになった。アキレウスはそれでこのペンテシレイアとメムノンと、次々に一騎打ちをして両者を共に殺した。そしてメムノンを殺したあとに、逃げる敵勢のあとを猛烈な勢いで追って行って、今にもスカイア門から市内に突入してしまいそうになった。だがそこで、スパルタ王メネラオスの妃だったヘレネを攫って来て、自分の妻にしてしまったことで戦争のそもそもの原因を作った、トロヤの王子のパリスが、アポロンに助けられて矢を射て、アキレウスの体の唯一の弱点だった足の踵に射当てて、この大勇士をついに落命させた。

このようにしてアポロンとポセイドンが、プリアモスの父のラオメドン王のために築いてやった、難攻不落の城壁に守られていて、アキレウスがその超人的な豪勇をどのように振るっても、陥落させることがついにできなかったトロヤを、ギリシア軍はけっきょく最後に、巧みな計略を使って攻略することに成功したとされている。それは言うまでもなく有名なトロヤの木馬の計略で、オデュッセウスの提案に従ってギリシア軍は、自分たちの仲間に加わっていた、戦闘はあまり得意ではないが、工作の名人だったエペイオスという武将に、胴体が空洞になっている巨大な木馬を作らせることにした。それはアガメムノンとネストルを除くギリシアの主な大将たちがみなその中に潜み、トロヤ人たちに木馬を市内に入れさせておいて、人々が寝静まった夜のあいだに、木馬から出て残りの軍勢を城門を開いて市内に引きこみ、トロヤを攻略するためだった。

そうするとその夜アテナが天から降りて来てエペイオスに夢を見させ、その中でどうすればオデュッセウスが提案したような木馬が作れるか、やり方を細かいところまで教えてやった。エペイオスは朝になるとギリシア勢を集めてこの夢のことを話して聞かせ、みんなはそれでアテナがこのことでも、自分たちを助けてくれていることを知って大喜びした。そしてさっそくエペイオスの指図に従って仕事に取りかかって、三日がかりで堂々とした大きさの見事な木馬を作り上げた。それから打ち合わせておいた大将たちがその中に身を潜め、最後にエペイオスが入って梯子を引き上げ、出入口の蓋を閉めて内側からしっかりかんぬきをかけた。そのあと残りの軍勢は夜のあいだに陣営を焼き払い、木馬とオデュッセウスの従兄弟で知恵者の上に弁舌が巧みだったシノンという男一人だけをあとに残して、全員が船に乗りこみ、トロヤの沖にあるテネドスという島の陰に行って隠れた。

翌朝になるとトロヤ人たちは、昨日まで浜に並んでいるのが町からも見えていた、ギリシア軍の船が一隻もなくなっており、陣営のあたりから火事のあとのような煙が上がっているのを見てびっくりした。そしてまだギリシア軍を警戒し、厳重に武装して浜に降りて行ってみた。そうすると陣営は本当にすっかり焼かれていて船はどこにもなく、ただ何とも不思議な巨大な木馬だけが置かれているので、驚嘆してそのまわりを取り囲み、「これはいったい何だろうか」と言い合った。そうするとそこにシノンが捕えられて引き立てられて来たので、「いったいギリシア軍に何が起こり、木馬は何なのか」と尋ねると、シノンは打ち合わせてあった通りこう答えた。

「ギリシア軍はトロヤの攻略をあきらめて帰国したので、木馬は彼らが、故国までの航海の無事を祈って、アテナのために作って捧げた聖像です。ですからもし破壊したり焼いたりすれば、神罰を免れませんが、町に入れればトロヤにとって、貴重な神宝になるでしょう」。そしてそのあとにシノンは、さらにつけ加えてこう言った。「ギリシア軍は航海の安全のために、だれかを人身御供に捧げねばならぬという託宣を受け、私をその犠牲に選んで祭壇の上で殺そうとしました。私はそれで夜の闇と出発のどさくさにまぎれて逃げ出して、今まで安全な場所に隠れていたのです。私はだからギリシア人ではありますが、今ではギリシア軍を自分の敵と見なしており、あなた方の味方です。ですからどうか私の言う事を信じて、木馬を戦利品として町に入れて、トロヤの宝になさってください」。

このシノンのつくり話はいかにも本当らしく聞こえたので、大部分のトロヤ人たちは、ギリシア軍が本当に町の攻略をあきらめて帰国して行ったのだと信じて、大喜びをした。そして「木馬をすぐに町に引いて帰ろう」と叫んだ。だが中にはまだ、こんなに簡単に勝利が得られたとは信じられず、ギリシア軍に何か企みがあるのではないかと、疑っている者たちもいた。その中でもとくに頑固だったのは、ラオコオンという名の祭司だった。

「あなたがたはギリシア軍に、あの狡猾なオデュッセウスがいることを忘れたのか。木馬にはきっと、あの男の悪巧みが隠されている。町に入れずに、ここですぐ焼いてしまわなければならない」。こう言って彼は、側にいた武者の持っていた槍を取り、木馬の腹に投げつけた。そうすると木馬は、中が空洞であるころが分かるような音を立てたので、それを聞いてかなりの数の人々が、ラオコオンの主張が正しいのではないかと、思いかけた。

だがそのとき、恐ろしいことが起こった。とつぜんテネドス島の方角から二匹の大蛇が、海の上を泳いでやって来た。そして浜に上がり、あっという間にそこにいたラオコオンの二人の息子に巻きついた。ラオコオンはあわてて、二人の少年を助けようとした。ところが彼もたちまち蛇に巻きつかれ、悲鳴をあげてもだえ苦しみながら、子どもたちといっしょに絞め殺されてしまった。それでこれを見たトロヤ人たちは、恐怖に震えながらいっせいにこう叫んだ。

「捕虜にしたギリシア人が言ったことは、やはり本当だったのだ。木馬に槍を投げて、害を加えようとしたラオコオンは、たちまち恐ろしい神罰を受けた、われわれは戦いにまちがいなく勝ったので、木馬はすぐに引いて帰って、町の宝物にしよう」。それからトロヤ人たちは木馬に綱をかけ、エペイオスの細工によって足の下に車輪のついていたその木馬を、大勢で力を合わせて引いて帰って、城門から町の中に入れ、勝利の記念品として王宮の前の広場のまん中に置いた。女たちは喜びの歌を唄いながら、花環を作って木馬に投げかけ、みんなの頭も花で飾った。それから人々は勝利を感謝して、町のすべての神殿で神々に犠牲を捧げ、そのあとはもうみんな大喜びで手の舞い足の踏むところを知らず、町中で賑やかな祝宴を開いて、飲んだり食べたり歌ったり踊ったり、狂ったようにどんちゃん騒ぎをした末に、夜になるとみんな泥酔して綿のように疲れ、見張りも立てずに眠りこんでしまった。

それでこれを見てシノンは、城壁に上がり松明を振って合図をして、すでにテネドスの島陰を出てトロヤの近くまで戻って来ていた味方の軍勢を町に呼びよせた。それから彼は木馬のところに駈けて行って、中にいる英雄たちに、打ち合わせてあった通りのやり方で合図をした。それでエペイオスが蓋を開け梯子を下ろすと、英雄たちは次々に木馬の中から降りて来た。そして二手に分かれ、ある者たちは城門に行ってトロヤ人を町から逃さぬように守りを固めると同時に、扉を開けて味方の軍勢を引き入れ、他の者たちは眠っているトロヤの男たちを、かたはしから殺しにかかった。

またたくまに多くのトロヤ人が、眠ったまま何が起こったか分からぬうちに殺されてしまった。この騒ぎで目を覚ました者も、大部分は武装するひまもなく、ほとんど抵抗もできずに殺された。こうして男たちを殺し、女たちは捕虜にし、取れるだけの財宝を奪い取ったあと、ギリシア軍は町に火をつけ、トロヤを神殿まですっかり焼いた。ギリシア軍はこのように、圧倒的に優勢だった武力をもってしても陥落させることがどうしてもできなかったトロヤを、十年にわたって攻囲を続けた末に、最後にはついに、この巧妙きわまりない「トロヤの木馬」の計略を使うことで、攻め取ることに成功したとされているわけだ。

この木馬をどのように作ればよいかは、見たようにアテナがエペイオスに、夢の中ですっかり教えたとされているが、そのような木馬を作るという案それ自体を考えたのは、知恵でトロヤ攻略のためにさまざまな貢献をしたオデュッセウスだったとも見なされていた。たとえば標準的なギリシア神話の概説書だったと見なせる、伝アポロドロスの著書（『エピトマ』五、一四）にはそのことが、「彼（＝オデュッセウス）が、木馬を建造すること（ドゥレイウ　ヒップカタスケユエン）を思いつき（エピノイ）、工匠だったエペイオスに（エペイオ　ホス　エンアルキテクトン）に、そのことを指示したのだ（ヒュポティテタイ）」と言われている。だがすでに『イリアス』にも言及がされているより古い伝承では、そもそも木馬の計略を思いついてオデュッセウスに教えたのは、アテナだったとされていたことが明らかだと思われる。なぜなら『イリアス』の第十五歌には、七〇〜七一行にトロヤ戦争の最中にゼウスが、「アカイヤ人（＝ギリシア人）たち（アカイオイ）が最後には、アテナのはかりごとによって（アテナイエス　デイア　ブラス）、険阻なイリオン（イリオン　アイピュア）つまりトロヤを攻め取る（イリオン　アイピュ）、攻め取る（ヘロイエン）と言ったことが歌われている。そしてここで「アテナのはかりごと」と言われているのは、「トロヤの木馬」の計略のことであることが、明らかだと思われるからだ。

アテナはこのように、ギリシア軍が十年にわたって武力を振るっても、決着をつけることがどうしてもできなかったトロヤ戦争を、最後にこの木馬の計略を、オデュッセウスとエペイオスに教えて実行させたことで、ギリシア軍の完全な勝利に終わらせたことになっていたのだと思える。それでそのことで軍神であるのと同時に知恵の化身でもあったこの女神は、このトロヤ戦争でもギリシア人に、武力だけでは得ることができぬ勝利を達成するために、戦士に「奸計」と呼ぶほかないような術策を用いるのが必須であることを、教えたとされていたのだと思われる。

第四章　古代ギリシア文学の中の謎

謎（1）私とは誰か？

『ギリシア詞華集（パラティン詞華集）』の第十四巻には、第九番として、次のような短詩が載せられている。

義父（エキュロス）が、私の夫（アンドレモン）を殺しました。義父（エキュロン）を、夫（アネル）が殺しました。そして義兄弟（ダエル）が、義父（エキュロン）を。また義父（エキュロス）が、父（ゲネテン）を。

この短詩は、ここで言われている「私」とは、いったいだれかという謎になっているわけだが、その答えはアンドロマケだ。トロヤ戦争でトロヤ方の総大将だったヘクトルの妻だったアンドロマケは、この戦争に勝利したあとにギリシア軍の大将たちが、捕虜にしたトロヤの女たちを戦利品として分け合ったときに、アキレウスの息子のネオプトレモスのものにされ、彼の妻になった。このネオプトレモスとの結婚によって、彼女の前の夫のヘクトルの敵だったアキレウスは、彼女の現在の夫ネオプトレモスの父であるので、彼女の義父であることになった。それでその義父（エキュロス）であるアキレウスは、ヘクトルを討ち取ったことで、彼女の夫（アネル）を殺したことになった。

またネオプトレモスはトロヤが落城した夜に、トロヤの老王のプリアモスが祭壇にすがって命乞いをしているのをかまわずに、髪の毛をつかんで祭壇から無慈悲に引き離して殺したとされている。そのプリアモスは言うまでもなく、彼女の夫だったヘクトルの父であることで、彼女の義父に当たっていた。それでそのプリアモスを、彼女の夫になるネオプトレモスが殺したことでは、彼女の義父であるプリアモスが、彼女の夫に殺されたことになるわけだ。

一方アキレウスは最後には、ヘレネをスパルタから攫って来て妻にしたことで、トロヤ戦争の原因を作った、トロヤの王子パリスが、アポロンに助けられて射た矢で、体の唯一の弱点だった足の踵を射られて死んだとされているが、そのパリスはヘクトルの弟だったことではアンドロマケと、義理の姉と弟の関係にあった。それでそのパリスが、ネオプトレモスの父であることでは彼女の義父となるアキレウスを殺したので、アンドロマケの義兄弟パリスが、彼女の義父アキレウスを殺したことになったわけだ。

最後にアンドロマケの父のエエティオンは、ミュシアのテベという町の王だったが、この町がトロヤ戦争の最中にギリシア軍によって攻略されたときに、アンドロマケの兄弟だった七人の王子たちと共に、アキレウスに討ち取られたとされている。それでこのことでは、ネオプトレモスの父であることでアンドロマケの義父（エキュロス）のアキレウスが、彼女の実の父（ゲネテス）であるエエティオンを殺したことになるわけだ。

謎（2）巨人キュクロプスの一つ目

同じ巻の一〇九番は次のような短詩で、やはり神話に題材を取った謎になっている。

娘（コレ）が、眠っているあいだに（コイメテイサ）、火で（エン　ピュリ）、死んだ（タネン）。彼女を裏切ったのは（ホ　プロドテス）、酒（オイノス）で、その所為で彼女が死んだのは（ヒュプウ　デ　タネン）、パラスの幹だった（パラドス　エン　ステレコス）。殺したのは（ホ　クテイナス）、船の指揮者（ナウエゴス）で、いま彼女は生きている墓の中に（エニ　ゾオンティ　デ　テュンボ）、ブロミオスの賜物を非難しながら（メンポルメネ　タス　ブロミウ　カリタス）、横たわっている（ケイタイ）。

この謎の答えは、ポリュペモスの瞳だ。ポリュペモスはオデュッセウスが、帰国のためにトロヤからした航海の途次に、立ち寄った島の洞窟に住んでいた、一つ目の巨人キュクロプスの名だ。十二名の部下を連れてこの洞窟を訪れたオデュッセウスは部下たちが、そこにあるチーズを持ち、洞窟にいる子山羊と子羊を連れて逃げ出して、船に帰ろうと言うのを聞かずに、この住居の主が戻ってくるのを待っていた。そうするとやがて帰って来たポリュペモスは、オデュッセウスが「自分たちを客として、親切に遇してほしい」というのを嘲笑い、たちまちオデュッセウスの部下の二人を惨殺して食ってしまい、そのあと眠って、朝になるとまた二人を殺して食ってから、家畜の群れを連れて洞窟の口を大きな岩で塞いで出て行った。

そのあとにオデュッセウスは、洞窟の中に巨大なオリーヴの幹があるのを見つけ、部下たちに命じてその先端を削らせ、鋭く尖らせておいた。そしてその晩ポリュペモスが眠ったら、その丸太を彼の一つしかない目に突き刺すことにして待っていると、ポリュペモスは帰ってくるとまた二人の部下を殺して食べた。オデュッセウスはそこで持っていた酒袋の中の甘美なブドウ酒を、ポリュペモスにすすめて飲ませ、彼をすっかり泥酔させ眠りこませた。そして打ち合わせておいた四人の部下たちと力を合わせて、オリーヴの幹の先端を火に突っこんでまっ赤に焼いてから抜いてキュクロプスの一つ目に突き刺した。そして上からのしかかり、ぐるぐる回転させて彼の目を無残に潰してしまったとされている。

ギリシア語で「娘」を意味をした語のコレにはまた、「瞳」という意味もあった。それだから熟睡していたあいだに、火で焼かれたオリーヴ樹の先端で突き刺されて潰されたことでは、ポリュペモスの「娘（コレ）」である彼の「瞳（コレ）」は、眠っているあいだに（コイメテイサ）、火で（エン　ピュリ）死んだことになる。またこのような目にポリュペモスがあわされたのは、彼がオデュッセウスにすすめられたブドウ酒を飲んで、泥酔して眠りこんでいたためなので、そのことで彼の「瞳（コレ）」は、酒（オイノス）に裏切られて死んだことになる。

オリーヴはパラスとも呼ばれるアテナがポセイドンと、どちらがアッティカを自分の領地にするかを争ったときに、この女神がアクロポリスの丘の上に生え出させたのがその起源になったと言われている。そしてこの木の方が、ポセイドンがそのとき湧き出させた塩水の泉よりも、ずっとアッティカの人々の役に立つと判定されて、アッティカはアテナの領地になることに決まったとされている。つまりオリーヴはパラス・アテナによって最初に生え出させられた、この女神の木なので、その木の幹を突き刺されて目を潰されたことでは　ポリュペモスの「瞳（コレ）」はまさしく、パラスの幹（パラドス　ステレコス）が原因となって、死んだことになるわけだ。

またポリュペモスの目を潰した張本人だったオデュッセウスは言うまでもなく、彼が乗っていた船を指揮していたので、ポリュペモスの瞳を殺したのは、船の指揮者（ナウエゴス）だったことになる。そしてポリュペモスは目を潰されて死んだのではなく、その後も生き続けたとされているので、彼の瞳はポリュペモス自身という生きている墓の中に、埋葬されているように横たわった状態になって、自分から視力を奪ったことで、別名をブロミオスともいう酒神ディオニュソスの賜物（タス　ブロミウ　カリタス）のブドウ酒を、非難し続けている（メンポメネ）ことになるわけだ。

謎（3）キュクロプスの娘を殺したのは誰か？

このあとに続く第一〇九番aは、一〇九番よりずっと簡潔な、次のような短詩になっている。

パラスとブロミオスと、高名な歩行不自由な者（ホ　クリュトス　アンピギュネエイス）が、

三人がかりで、たった一人の乙女（テン　ムネン　パルテノン）を、無き者にした（エパ

ニサン)。

これも前の第一〇九番の短詩と、答えが同じ謎になっている。高名な歩行不自由な者というのは、技術の神であると同時に火の神でもあるヘパイストスのことだ。ポリュペモスはブロミオスつまりディオニュソスのブドウ酒に泥酔していたあいだに、ヘパイストスの火で先端を焼かれた、パラス・アテナの木のオリーヴの幹で瞳を潰されたので、つまりアテナとディオニュソスとヘパイストスと偉い神さまたちが三人がかりで、瞳(コレ)が一つしかなかった、この巨人が持っていたたった一人の乙女(テン　ムネン　パルテノン)を、抹殺した(エパニサン)ことになるわけだ。

謎(4) 私は殺されたが、殺した者を殺した(a)

同じ巻の第三二番の短詩は、次のような謎になっている。

私は殺されたが(クタンテイス)、殺した者を(トン　クテイナンタ)、殺した(カテクタノン）。だがそれなのにその者は冥府には行かず（アロ　メン　ウドス　エリュテン　エイス　アイデン）、この私の方が死んだのだ（アウタル　エゴゲタノン）。

ここで私と言われているこの謎の答えは、ケンタウロス（人間の上半身の下に、四本足の馬の体を持つ怪物）のネッソスだ。ヘラクレスがカリュドンで妻に娶ったデイアネイラを連れてトラキスに行こうとして、エウエノス河を渡ろうとしたときに、ネッソスはその河の岸にいて旅人を自分の馬の背に乗せて向う岸まで運ぶ、渡し守りの仕事をしていた。

ヘラクレスはそれでネッソスに妻を渡らせることを頼み、自分は一人で渡ることにした。そうすると先に対岸に着いたネッソスは、そこで好色なケンタウロスの性質を剥き出しにして、デイアネイラを凌辱しようとした。ヘラクレスはそれで河の中から矢を放って、ネッソスを射殺した。そうするとネッソスは死ぬまぎわに、デイアネイラにこう言った。

「私の傷から流れた血を、大切に取っておきなさい。それはとても強力な媚薬で、もしヘラクレスがほかの女に心を移すことがあれば、それを塗った肌着をヘラクレスに着させれば、彼の愛を取り戻すことが出来るでしょう」。素直なテイアネイラはこのネッソスの言葉を信じ、彼の流した血を集めて、大切に保存しておいた。ところがこの血は媚薬であるどころか、じつは強力な猛毒だった。

ヘラクレスはかつてレルネの沼にいた、九つの頭を持っていたヒュドラという猛毒の水蛇を退治したときに、自分の矢を殺したヒュドラの胆の血に浸して、猛毒の矢にしていた。それで彼の矢で射られたネッソスの傷から流れた血には、そのヒュドラの毒が含まれていたからだ。

その後にヘラクレスは、オイカリアという町を攻略した。この町の王のエウリュトスには、イオレという美しい娘がいた。デイアネイラを妻にする前に、ヘラクレスはこのイオレに求婚したことがあった。エウリュトスは当時、「弓の競技で自分と自分の息子たちを負かす者に、イオレを妻に与える」と公言していた。ヘラクレスはそれでオイカリアへ行き、王と王子たちを難なく弓で負かした。だがエウリュトスは約束を破って、イオレをヘラクレスに嫁がせることを拒否した。

それはヘラクレスが、最初に妻にしたメガラが産んだ自分の子供たちを、ヘラに狂わされてみな殺しにしたことを知っていたためだった。「そんなひどいことをした男を、自分の娘と結婚させるわけにはいかない」と、エウリュトスは思ったのだった。

ヘラクレスがオイカリアを攻め滅ぼしたのは、このときの恨みを晴らすためだった。彼はエウリュトスと彼の息子たちを殺し、イオレを捕虜にした。そしてようやく思いがかなって自分のものになったこの美女を、夢中で寵愛した。そのことを知ったデイアネイラは、「今こそネッソスが自分に残してくれた媚薬を使うときだ」と思った。そしてそれまで隠し持っていたネッソスが流した血を下着に塗り、それをヘラクレスのところに届けさせた。「あなたがオイカリアであげられた、輝かしい勝利をお祝いするために」という伝言とともに、妻から送られてきたその下着を、ヘラクレスは喜んで身につけた。そうすると彼の体温で暖められたヒュドラの毒が次第に体に浸透し始めて、彼は猛烈な苦しみに苛まれた。苦悶しながら下着を剥ぎ取ろうとすると、すでに肌に貼り付いていて、肉までいっしょにむしり取られた。ヘラクレスはそれで苦しみながら部下に命じて、自分を彼の住処だったトラキスに運ばせた。家に着いてみるとデイアネイラは、自分の過ちによって起こってしまったことを、一足早く戻ってきた使者の報告によって知らされて、自害していた。

それからヘラクレスは、オイタ山の頂上に自分を運ばせ、そこに火葬のための薪の山を築かせ、その上に身を横たえて薪に火をつけさせた。そうすると彼が人間の女だった母親のアルクメネから受けていた可死の肉体は、その火で焼き尽くされ、父のゼウスから受けていた不死の部分が、人間の部分から解放された。そして天から降りて来た、アテナが御者の役をしている馬車に、完全に武装した姿で乗りこんで、彼が人間でいたあいだいつも見守り助けてくれていたこの女神に導かれて天に昇った。そこでそろって出迎えにでてきた、オリュンポスの神々に歓迎されて、有力な一員として彼らの仲間入りをしたと言われている。

このようにネッソスは、ヘラクレスに殺された（クタンテイス）が、その彼を殺した者（ト

ン　クテイナンタ）だったヘラクレスを、彼の流した血に含まれていた毒によって殺した（カテクタノン）。だがその彼に殺されたヘラクレスは、死んでも不死の神になったので、冥府には行かず（アロ　メン　ウドス　ホス　エリュテン　エイス　アイデン）、ネッソスの方は、私自身が死んだ（アウタル　エゴゲタノン）と言わなければならぬことになったわけだ。

謎（5）私は殺されたが、殺した者を殺した（b）

このあとに続く第三三番の短詩も、答えが今の第三二番と同じの次のような謎になっている。

私を殺した者を（トン　メ　カタクテイナンタ）、私は殺した（カテクタノン）が、そのことは私にとって喜びではない（ウ　デ　モイ　エドス）。死が（タナトス）、殺された者を（トン　クタメノン）、不死にしたからだ（テケ　ガル　アタナトン）。

ネッソスはたしかに、自分を殺した者（トン　メ　カタクテイナンタ）であるヘラクレスを、殺した（カテクタノン）。だがそのことが彼にとって、自分の喜びではない（ウ デ モイ エドス）というのは、そのネッソスが仕組んだ死（タナトス）が、ヘラクレスを不死の神にした（テケ ガル アタナトン）ので、ネッソスは殺すことでヘラクレスを害しようと意図していたのに、それと正反対に、彼が偉い神になるための手助けをしたことになってしまったからだ。

謎（6）私から文字を一つ取り去ると太陽が沈む

『ギリシア詞華集』の第十四巻には、神話とは無関係な謎になっている短詩も、多く載せられている。次の第三五番の詞は、その一つだ。

私は人間の一部分だ（アントロプ メロス エイミ）。鉄が私を切る（ホ カイ テムネイ メ シデロス）、私から文字を一つ取り去ると（グラマトス アイロメヌ）、太陽が沈む（デュエタイ エエリオス）。

この短詩で「私」と言われている、謎の答えは爪だ。爪は人間の一部で、鉄の爪切り（ホシデロス）が切る（テムネイ）。また爪を意味するギリシア語は、オニュクス（onyx）なので、この語からoの一字を取り去ると、夜を意味するギリシア語のnyx（ニュクス）になる。つまり夜（ニュクス）になるので、太陽（エエリオス）は、とうぜん沈む（デュエタイ）ことになるというのだ。

謎（7）私の血は飲めぬがしわくちゃの私をお食べなさい

第一〇三番の次の短詩はその中でもとりわけ、傑作と言ってよいと思われる謎になっている。

もし私を若いうちに取ったら（エイ　メ　ネエン　エラベス）、あなたはすぐに私の流れる血を飲んでいたでしょう（タカ　ム　ピエス　エクキュテン　ハイマ）。でも今では時が私を、すっかり老いぼれさせてしまったのだから（ニュン　ドテ　ゲラレエン　メクセテレッセ　クロノス）、しわくちゃになって、水気をすっかりなくしている私を、お食べなさい（エ

ステイエ　テン　リュサイノメネン　ヒュグロン　ウデン　エクサン）。私の肉といっしょに骨も噛みくだいて（オステア　シュントラウオン　サルキ　シュン　ヘメテレ）。

この短詩で私と言われている謎の答えは、ブドウだ。熟れたブドウの実を、若いうちに収穫すれば、その実からはブドウの血（ハイマ）である甘い果汁がふんだんに流れて、人々は急いでそれを飲む。だが時が経っていまでは老いてしまった（ゲラレエン）ブドウの実は、しわだらけ（リュサイノメネン）で、水分をまったく含んでいない（ヒュグロン　ウデン　エクサン）がすこぶる美味しい干しブドウになって、ブドウの肉である果肉といっしょに（サルキ　シュン　ヘメテレ）、骨（オステア）である種まで、噛みくだいて（シュントラウオン）賞味できるというのだ。

謎（8）四つの文字をもって道を進む

前掲した第三五番の短詩の終わりに出てきた、onyx（爪）から、o の一文字を取り去ると nyx（夜）になるので、太陽が沈むことになるというような、ギリシア語の綴りを基にしたなそのかけ方は、次の第一〇六番の短詩ではさらに徹底した使われ方をしており、この詩はすべてが、ギリシア語の綴りに基づいた謎になっている。

四つの文字を持って（テッサラ　グラマテコン）、私は道を進んでいる（アニュオ　トリボン）。だがもしもあなたが最初の文字を取り去れば（エン　デ　ト　プロトン　グラマペレス）、私は聴く（アイオ）。またさらにそのあとの文字を取り去れば（カイ　ト　メタウトパリン）、あなたは泥んこが大好きな私を見るだろう（ボルボロ　ヘウレセイス　エメ　ピルタトン）。だがもしも最後の文字を取り去れば（エン　デ　ト　ロイストン　アイレス）、あなたは場所を指す副詞である私を見るだろう（ヘウレセイス　エピレマ　トプ）。

四つの文字を持って道を進んでいるというのは足で、ギリシア語で足は pous という四文字の語だ。その pous から p を取り去れば ous になるが、ous はギリシア語で耳を意味する語なので、耳（ous）はとうぜん聴く（アイオ）ことになる。その ous からさらに、pous で p のあとにある文字の o を取り去れば残るのは us だが、これは最初の母音に気息音をつけて発音すれば、ギリシア語で豚を意味する語のヒュスになるので、そのヒュス（豚）は、泥んこが大好き（ボルボロ　ピルタトン）であるわけだ。そしてまたもとの pous から、最後の文字（ト　ロイストン）のsを取り去ると、残るのはpouで、これはギリシア語で「どこ」を意味する場所を指す副詞（エピレマ　トプ）になる。

第五章　スピンクスの謎とオイディプス

(1) スピンクスが出した謎

古代ギリシア文学の中に出てくる謎と言った場合に、だれにでもまっ先に思い浮かぶのは、オイディプスが解いたとされている、スピンクスが出していたという謎ではないかと思われる。スピンクスは人間の女の顔と、牝のライオンの体と、猛禽の翼を持っていた怪物で、テバイの郊外の丘の上に現われて通る人々に不思議な謎をかけ、その謎を解けない者をかたはしから食い殺していた。そこにオイディプスは、旅をしてテバイにやって来てこのことを聞き、出かけて行ってそのスピンクスの謎を解いた。そうすると人間にはけっして解けないと信じて出していた自分の謎を、人間のオイディプスがものの見事に解いたことに驚いたあまりに、スピンクスは断崖から身を投げて死に、テバイはこの恐ろしい怪物の害から解放されたと言われている。

オイディプスが解いたというそのスピンクスの謎は、ギリシア神話の概説書の多くには、「朝は四本足、昼は二本の足、晩になると三本足で歩くものは何か」というものだったと記されている(1)。だが現存する古代ギリシア文学の作品の中ではこの謎は、どこにもこのような人口に膾炙している形では述べられていない。ヘレニズム時代にできたギリシア神話のもっとも標準的な概説書と言える、伝アポロドロス作の『ビブリオテケ』にはスピンクスの謎は、「一つの声を持ちながら、四本足にも、二本足にも、三本足にもなるものは、何か」と記されている。また紀元前一世紀の歴史家シチリアのディオドロスの大著『ビブリオテケ』の中のギリシア神話を概説した部分（四、六四、三〜四）には、この謎は「同じものでありながら、二本足でも、三本足でも、四本足でもあるものは、何か」という形で出てくる。また二世紀末のアテナイオスの対話書『デイプノソピスタイ』（一〇、四五六）をはじめ、いくつかの古注などの中には、次のような韻文の形の謎が見られる。アテナイオスによって典拠が、悲劇で扱われたギリシア神話を概説した、紀元前四世紀のアスクレピアデスの失われた著書『トラゴドゥメナ』だったことが記されているので、これがスピンクスの謎の知られているもっとも古い形であると言うことができる。

地上に声は一つであるのに、二本足でも、四本足でも、三本足でもあるものがいて、地上と空中と海中を動くすべてのものの中で、ただ一つだけ性質（ピュシス）を変える。しかももっとも多くの足で支えられて歩くときに、足の速さがもっとも劣る。

この韻文の謎は、『ギリシア詞華集』の第十四巻にも、第六四番の短詩として、右の訳文で、「性質」と訳した原語のピュシン（ピュシスの対格）が同義のピュエンに、「動く」と訳した原語のヘルペタ　ギノンタイの中のギノンタイが、よりはっきり「動く」ことを意味するキネイタイに変わっているほかは、ほとんど同じ形で「スピンクスの謎」として載せられている。

この謎をオイディプスは、たとえばディオドロス（四、六四、四）によれば、こう言って解いたとされている。

それは人間だ。なぜなら嬰児は四本足で、成長すると二本足で、老いると衰弱のために杖を使って、三本足であるから（2）。

そうするとスピンクスは前述したように、人間にはけっして解けぬと信じていた謎を解かれてしまったことに驚愕したあまりに、断崖から身を投げて死んだと言われているわけだが、それではスピンクスはいったいなぜ、この謎が人間に解かれてしまったことに、すぐさま自殺を遂げねばならなかったほど、驚愕したのだろうか。また、「それは人間だ」と言ったオイディプスの答えは、そもそもこのスピンクスの謎に対して、本当に完全な正解だったのだろうか。

右に紹介した古代ギリシア文学の中に実際に見出される形を眺めてみると、スピンクスの謎は、最初は四本足だったのが、つぎに二本足、最後には三本足という順序で、三段階的に足の数を変えるものは何かと、訊ねてはいないように思える。たしかに伝アポロドロス作の書物に見られる形でだけは、足の数の変化が、人間における通りに、四本足、二本足、三本足という順で記されている。だがそこでも、四本足、二本足、三本足に成るという謎の対象は、足の数がどう変化しても、声は常に同一であると明言されている。人間の場合に、まだ言葉を話すことができずに這い這いをしている嬰児が、成人や老人と同じ声を持つと言えるだろうか。

ディオドロスの記述と、アスクレピアデスの著書に遡る韻文形の謎を虚心に読めば、スピンクスの謎は明らかに、「同じものが同時に、二本足でも、三本足でも、四本足でもあるもの」、あるいは「声は同一なままで、あるときは二本、あるときは四本、あるときは三本と、足の数を順不同的に三様に変えるものは何か」と、訊ねている。しかも韻文形の謎ではさらに、そのものは地上と空中と海中のあらゆる生物の中で、ただ一つだけ性質（ピュシス、ピュエ）を変えると言われている。生物の中には、卵が幼虫になり蛹になり成虫になるような、「完全変態」と呼ばれている、たとえば幼虫のアリジゴクが成虫のウスバカゲロウに変わるようなきわめて明瞭な変化を遂げる種類もある。そのような生物と比べても人間は本当に、四本足の嬰児が二本足の成人になり、さらに三本足の老人になる変化の過程で、性質まで変えるただ一つの生物であると言い得るだろうか。つまりこの韻文形の謎と照らし合わせてみれば、伝アポロドロスの書物に伝えられている形でも、スピンクスの謎はやはり、「声がまったく同一なままで、四本足にも、二本足にも、三本足にも、同時にまたは順不同的になるものは何か」と訊ねていると理解するのが、この謎のもっとも自然な解釈ではないかと思われるわけだ。

ギリシア語で伝えられている文言をこのように、文字通りと思われる意味で理解してみると、このスピンクスの謎に対して、「それは嬰児と成人と老人との生涯の三段階につれて順次的に、四本足、二本足、三本足と足の数を変化する人間だ」と言ったという、オイディプスの答えは、謎の正解にはなっていないように思われる。だがそれにもかかわらずスピンクスはこれまで見たように、「それは人間だ」というオイディプスの言明を聞くとただちに、自分の謎がもののみごとに解かれてしまったと認め、驚きのあまり身を投げて死んだとされている。スピンクスはいったいなぜ、このようにわれわれには明らかに、謎に対する不完全な答えにしかなっていないように思える、「それは人間だ」というオイディプスの明言を、完全な正解と認め、それを聞いてすぐに自殺せねばならなかったほど、吃驚したとされているのだろうか。

つまりスピンクスの謎に対してオイディプスが出したとされている解答は、たしかに謎を解き、この怪物の害をテバイから取り除いたことになっているわけだが、それと同時にまた、別の新しい謎を投げかけているように思われる。それは、「人間はいったいなぜ、声は同一のままで二本足でも三本足でも四本足でもあり、その上にすべての生物の中でただ一つだけ、性質

（ピュシス）を変えると言えるのだろうか」という謎だ。

（2）謎の答だったオイディプス自身

ところでオイディプスがスピンクスと相対して、人間にはけっして解けぬとこの不気味な女怪が確信して出していたという謎を解く難事に、敢えて命がけで挑戦したそのときに、じつは地上には、この謎の文言の文字通りの意味に、まさにぴったり当てはまるものが存在していた。それは、当のオイディプスにほかならなかった。

オイディプスはこの時点ではそのことを自分ではまったく知らずにいたが、じつは彼の前にテバイの王だったライオスのただ一人の息子だった。ライオスはテバイの王だったラブダコスの一人息子だったが、成長してもすぐにテバイの王位に即くことができなかった。それは父のラブダコスが、彼が生まれたあとすぐに亡くなり、そのあとゼウスがテバイにいたアンティオペという美女を愛人にして生ませた、アンピオンとゼトスという双子の英雄が王となって、テバイを支配していたからだった。

ライオスはそれでペロポネソス半島のピサに亡命し、そこのペロプス王の宮廷に身を寄せた。そしてクリュシッポスという、この王の末子の教育をまかせられた。ところが彼はこの美少年に同性愛の欲情を燃やし、誘拐して凌辱を加えたので、辱めを受けたクリュシッポスは自殺し、怒ったペロプスはライオスに、「もし彼に男の子が生まれたら、必ずその子に殺されるように」という呪いをかけた。

アンピオンとゼトスが子孫を残さずに死んだあとに、ライオスはテバイに呼び戻されて王になり、イオカステという妃を娶った。だが神託によっても、息子に殺される運命にあると告げられていたので、息子が生まれることがけっしてないように、妃と関係を持たずにいた。だがある夜、酒に酔って自制心を失い、妃と一度だけ交わってしまったところが、その交合によってイオカステが妊娠して、産んだ子どもがオイディプスだったのだ。

ライオスはそこでこの息子をこの世から消してしまう決心をして、けっして立って歩くことがないように、両足の踵をピンで貫いた上で、下僕の羊飼いに命じて、彼が夏のあいだ家畜の群れを飼っている、キタイロン山の山奥に捨てさせた。ところがこの羊飼いは王の命令を守らずに、山中にいたコリントの王ポリュボスの下僕だった羊飼いに、その子を渡した。そのコリントの羊飼いはそれで、その赤児を踵に刺さっていたピンを抜いて、自分の主人の王のもとに連れ帰った。そうするとポリュボスには子どもがいなかったので、この赤児を自分の嗣子として育てることにした。この子は踵からピンを抜いたあとの傷が癒えても、足が腫れていたことから、「腫れ足（オイドスは「腫れ物」、プスは「足」という意味）」を意味するオイディプスという名を与えられたのだという。

オイディプスはこのように、生後すぐに父のライオスによって両足の踵をピンで貫かれた上で、人里から遠く離れた山奥に捨て子にされるように命じられた。つまり彼は実父によって二本足で立って歩く可能性を予めはっきりと否定されて、四本足の獣たちの住処に放逐されたわけだ。それにもかかわらず彼は、コリントのポリュボス王の下僕の羊飼いによって、この四足獣の境涯から奇蹟的に救出され、ポリュボスの王子として、だれよりもりっぱな二本足の人間に成長した。ところがその現に二本足であるオイディプスは、両足の踵にはっきり、二本足性の否定を含意するしるしを刻印されていた。なぜなら山中に捨て子されるところだった彼を助けたコリントの羊飼いは、赤児だったオイディプスの両足の踵からピンを抜いてやったが、その傷の跡は「腫れ足」を意味するオイディプスという名が、その畸形に因んで彼につけられたほど明瞭に、成長後も腫れたままだったからだ。

しかもスピンクスの謎を解く前に、オイディプスはすでに、テバイに向けて旅をして来る途中で偶然出会ったライオスを、実父とは知らずに殺害してしまっていた。そしてその謎を解けばその功績によって彼は、ライオスの妃だったイオカステを、自分の実母だとは知らずに妻に与えられ、テバイの王になって、自分の息子娘であると同時に弟妹でもある、けっしてあってはならない子どもたちを、イオカステに生ませる運命を定められていた。

コリントで王の嗣子として、すべての技量に傑出した立派な若者に成長したオイディプスは、あるとき宴会の席で、泥酔した男が「彼はポリュボスの実子ではない」と言うのを聞き、そのことを自分の両親だと信じていたポリュボスと彼の妃のメロペに話し、ことの真偽を尋ねた。そうすると二人は、そのような妄言を吐いた男に憤慨し、「あなたは間違いなく、私たちの実の子です」と明言したが、その言葉だけでは納得がいかなかったので、オイディプスはデルポイに行き、アポロンの神託に、「自分の真の両親はだれなのか」と尋ねた。そうすると神託はその問いには答えずにオイディプスに、「お前は自分の母と結婚し、あってはならぬ子どもたちを誕生させ、父親を殺す運命にある」と告げた。それで驚いたオイディプスは、生みの親だと信じていたポリュボスとメロペが生きているあいだは、コリントには近づかない決心をした。そしてコリントとは別の方向に旅をして行ったところが、山中で隘路が三つ股の辻になっているところで、馬車に乗った尊大な人物が、家来たちを従えて、反対の方向からやって来るのと出会った。それはテバイから、デルポイを目指して旅をして来たライオスだった。

オイディプスがライオスの一行と出会ったのは、どちらか一方が横道にそれて相手に道を譲らなければ、すれ違うことができない、狭い道が三つ股に分かれた場所だった。ライオスの車には伝令役の家来が乗っていて、オイディプスに向かって、「道を譲れ」と居丈高に叫び、その横柄な態度に侮辱されたと感じ憤慨したオイディプスが言うことを聞かないでいると、ライオス自身が車の上から、先が二股になった突き棒を振り上げて、彼を殺意を込めて打ち据えようとした。それで激昂したオイディプスは逆襲して、ライオスと家来たちを殺害した。

このようにしてオイディプスは、旅の途中で遭遇した、どこのだれとも分からなかった人物を、自分の実父であるとは知らずに殺してしまった。それで彼がデルポイで受けた「父を殺す」という神託は、その通りになってしまったわけだ。ライオスがデルポイに向かって旅をしていたのは、そのときに彼が王であったテバイが、とつぜん出現したスピンクスの害に苦しんでいたためだった。この女怪はじつはゼウスの妃のヘラ女神によって、ライオスが若いときにクリュシッポスに対して犯した罪を罰するために、送られたものだった。だがそうとは知らぬライオスは、どうすればこの不可解な災いを終わらせることができるかを、アポロンの神託に尋ねようとして、デルポイに向かおうとしていたのだった。

ライオスが旅の途中でお供の者たちといっしょに殺されたことは、その場からただ一人だけ生きのびて逃げ帰ってきた者によって、テバイに報告された。テバイではライオスには、オイディプスのほかに後継者となる王子がいなかったために、王妃だったイオカステの兄のクレオンが、摂政として支配者の地位に就いた。だがスピンクスの災いは、ライオスの死後も続いていて、クレオンにはそれを終わらせることはできなかったので彼は、「スピンクスの謎を解き、この災いを終わらせる者をイオカステと結婚させて、テバイの王にする」と布告していた。そこにオイディプスがやって来て、スピンクスの謎を解いた。そしてこの怪物を退治して、テバイをその災いから解放したので、彼はクレオンの出していた布告の通りに、イオカステと結婚してテバイの王になった。そして自分の実母だとは知らずに妻にしたそのイオカステに、ポリュネイケスとエテオクレスという二人の息子と、アンティゴネとイスメネという二人の娘を生ませたので、それによってオイディプスがデルポイで受けた、「母と結婚してあってはならぬ子どもたちを誕生させる」という神託も、その通りになってしまったわけだ。

(3) 二本足でも四本足でも三本足でもあったオイディプス

スピンクスの謎を解いたときにオイディプスは、紛うかたなく二本足だった。彼は二本足でそこまで歩いて来て、二本足でこの怪物の前に立っていたからだ。しかもそのことでオイディプスはこのとき自分が、あらゆる人間の中でだれよりも優れて二本足であることを、明らかにしていたと言えるのではないかと思われる。なぜならスピンクスは見たように、彼女の出している謎を解くことのできぬ人間を、かたはしから食い殺していた。それだからこの女怪と対面していながら、二本足で立っていられる人間は、その謎を解くことができたオイディプスのほかには、だれもいなかったことが明らかだと思えるからだ。

ところがこのことでこのように、人間のだれよりも優れて二本足であることが明らかだと思えたオイディプスの両足には見たように、彼が生後すぐに父親によって二本足性を否定されたことのしるしが、踵からピンを抜かれた跡が、そのことに因んで「腫れ足」という意味のオイディプスという名がつけられたほど明瞭に腫れたままになっていることで、はっきりと刻印されていた。しかもスピンクスの謎を解いたときには、オイディプスはすでに見たように、父ライオスを殺していた。そして謎を解けばこれも見たように、母のイオカステと結婚して、その妻となった母の腹から、けっしてあってはならぬ子どもたちを儲けてしまう運命がすでに定まっていた。

親を殺したり、母親と相姦して子を儲けることは古代ギリシア人のあいだでも一般に、二本足の人間のあいだでは絶対にあってはならぬ不倫だが、四つ足の獣たちのあいだでは当たりまえのことのように考えられていた。紀元前一世紀から二世紀にかけて弁論家また哲学教師として活躍したディオン・クリュソトモスの著作『弁論集』(一〇、三〇)には、有名な犬儒学派の哲学者のディオゲネスがそのことを、「オイディプスは自分が同じ子どもたちの父でも兄でもあり、同じ女の夫でも息子でもあることを、大声で嘆いたが、犬どもはそんなことは気にしないし、驢馬どもの中にも、そんなことを気にするものはいない」と、きわめて直截に述べたことが語られている。

この見方によればオイディプスはこのときすでに、彼が犯していた父殺しと、スピンクスの謎を解けばすぐにも遂げることが定まっていた母子姦によって、古代ギリシア人が英語ではnatureと訳されるピュシスという語で呼んだ本性を、人間から獣に変えていたと言えるわけで、そのことでも韻文で伝えられているスピンクスの謎にまさにいわれている通りに、「地上と空中と海中の生物の中で、ただ一つだけ性質（ピュシス）を変えるもの」だったわけだ。その上にオイディプスは、二本足でも四本足でもあるのと同時にまた、三本足でもあった。なぜなら二本足の姿でいる自分の本性がじつは、父殺しと母子姦によって、四本足の獣に変化してしまっていることを知ると、オイディプスはすぐさま自分で目を潰して、杖を三本目の足にせねば歩けなくなることが定まっていたからだ。

ソポクレスの傑作の悲劇『オイディプス王』には、オイディプス王が、彼が王として支配し繁栄させてきたテバイに、とつぜん発生した不思議な災いの原因をとことん究明したあげくに、それが父を殺し母と結婚して子どもを産ませた自分が、テバイにいるために起こった禍難だったことを、明らかにしてしまった過程が、迫真的に描写されている。そのことを知ると彼は、この劇の一一八二〜一一八五行によれば、悲痛きわまりない声で、「ああ、ああ、事はこれですべて明らかになった。おお光よ、いまのこの時が私がお前を見る見納めとなれ。いまや私は、親であってはならぬ人々から生まれ、妻にしてはならぬ人と夫婦になり、害してはならぬ人を殺したものであることが、明白になったのだから」と、絶叫した。そして王宮の内へまっしぐらに駈け込み、そこで彼より前に事の真相を知って、寝室ですでに縊れて死んでいたイオカステの遺体を取り下ろしてその衣から、黄金のピンを抜いた。そしてそれで自分の目を呪いながら、めったやたらに突いて潰したので、その凄惨きわまりない模様は、劇の一二六四〜一二七九行で目撃した使者によって、こう生々しく報告されたことになっている。

それを見るや不幸なお人は、恐ろしい唸り声をあげて首を吊っている紐を外し、それでお可哀想なお妃は地面に横たえられました。そのあとに、本当に見るも恐ろしいことが起こったのです。お妃の衣からそれを留めている黄金のピンを引き抜いて振り上げられ、それでこう叫ばれながら御自分の両の御眼を突かれたのです。

「これらがわたしとわたしの苦しみとわたしの犯した悪行を見ることは、もはやあるまい。以後は暗闇のうちにあって、見るべきでなかったものを見ることもなく、わたしが知りたかった人々を知ることもないだろう」。

こう呪いの歌声をあげられながら、一度だけでなく何度も御手を振り上げられては御眼を突き刺されました。眼球から流れる血が頬を赤く染めた。それも血の濡れた雫がぽたぽた落ちるのではなくて、血潮がまるで黒い雨と霰のようにどっと流れ出たのです。

しかもこのように、二本足で歩ける壮年の身で、自分の本性が四本足の獣に変化してしまっていることに気づくと、すぐに自分で目を潰して、杖を三本目の足として使わねばならなくなることが定まっていたオイディプスは、スピンクスと相対した時点でもすでに、まるでその自分の隠し持っている三本足性を明からさまに呈示するようにして、杖をついていたようにも考えられていた。なぜならオイディプスは見たように、コリントからデルポイを経てテバイまで、長い旅をしてやって来ていた。それで古代の美術品の中には、スピンクスの前でも彼が、その旅のあいだついていた杖で体を支えながら、この女怪と対面している姿を表わしているものがある。これでこの図像表現によれば、スピンクスの謎を解いたときにオイディプスは、二本の足の補助として杖を持つことで、自分の三本足性をはっきりと露呈していたことになると思われるからだ。

古代の美術作品の中にはまた、スピンクスの前でオイディプスが、右手の指先をはっきり自分の顔に向け、自分自身を指差しているところを描いているものもある。この図像によればこのときオイディプスは、スピンクスに向かって自分を差し示しながら、「それは私がそうである人間だ」と宣言したことになる。スピンクスから見ればオイディプスは、見てきたように謎に言われているまさにその通りに、同時に二本足でも四本足でも三本足でもあり、人間から獣にピュシスを変えている彼自身を代表として示しながら、「謎の答えは人間だ」と言明したことになるわけだ。それでこの答えを聞いたスピンクスは、即座にそれが正解であることを認めた。そして人間にはけっして解けないと信じていた謎を、解かれてしまったことに驚いて、断崖から身を投げて死んだので、そのおかげでテバイは、この恐ろしい女怪の害から解放されたことになっている。

だがこのようにして謎を解いて、スピンクスを退治した時点ではオイディプスはじつはまだ、自分が謎に言われているまさにその通りのものであることに、自分自身では気づいていなかった。彼は二本足でいる自分が同時に四本足でも三本足でもあることも、人間であるはずの自分が獣にピュシスを変えていることも、自分ではまだ知らずにいたことになっているからだ。ソポクレスの『オイディプス王』には、オイディプスがどのようにしてそのことを、英邁な知力とたじろがぬ勇気の限りを尽し、とことん究明してついに知るに至ったか、その経緯が明らかにされている。この劇が始まった時点では彼は、誰よりも立派な人物で、彼ほどに優れた人間はいないとだれからも考えられていた。その彼が劇の中で、自分が父を殺した上に母子婚をして、あってはならない子どもたちを出生させ、そのことで二本足の人間の性質（アントロペイ

ア　ピュシス）を無くし、性質（ピュシス）を四本足の獣に変えてしまっていたことを、すっかり露呈させてしまう。そしてそのことを知ると彼は見たようにすぐに眼を潰し、三本目の足として杖を必要とするようになり、二本足でも四本足でも三本足でもあり、ピュシスを人間から獣に変えている自分の正体を、白日の下に晒したことになっているわけだ。

（4）獣のピュシスを人間のピュシスに変え続けたオイディプス

このあとオイディプスは王位を捨てテバイを出て、長女のアンティゴネに手を引かれその献身的な介護を受けながら、諸処を放浪したことになっている。だが二人が身を落ち着けることのできる場所は、どこにもなかった。なぜなら彼が父を殺し、母子婚をして母に子どもたちを産ませたことと、その所為でテバイに災いが起こったことはギリシア中に知れ渡っており、もし彼がどこかに留まれば、その土地にはテバイに起こったような災いが起きることになると信じられていたからだ。そのため彼はどこへ行っても素性を知られると、わずかな施しを与えられただけで追い立てられ、そこから立ち去ることしかできなかったからだ。

だがその惨めな遍歴のあいだ、父殺しと母子婚によってピュシスを人間から獣に変えてしまっていたオイディプスは、それと反対の方向にも絶えずピュシスを変えるものであり続けた。なぜなら眼が見えなくなっても、彼はそのときどきに自分が置かれた状況を判断し、その中で自分がやらねばならぬことを自身の責任で判断して、それを敢然として実行するという、二本足の人間にしかできない生き方を続けていたからだ。

このようにピュシスを絶えず獣から人間に変える生き方をオイディプスは、眼を潰した瞬間からすでに始めていた。『オイディプス王』では、王宮から出て来た、両目から流れる血で朱に染まった彼の無惨な姿を見たテバイの長老たちは、一二三七〜一二三八行によれば、「おお、恐ろしいことをされたお人、いったいどうして、このように眼を潰してしまわれることができたのか。どの神が、あなたを駆り立てたのか」と、彼に問いかけた。そうするとそれに対してオイディプスは、一三二九〜一三三二行によれば、「アポロンだ。友よ、アポロンがこのわたしの不幸、わたしの悲惨な苦患を成就したまうたのだ。だがこの眼を傷つけたのは、他のだれでもない。この不幸なわたしの手だ」と、答えたとされている。

この劇の一一八六〜一一九五行ではテバイの長老たちは、オイディプスが自分自身についての真実をすべて明らかにしたあとに見たようにして、王宮の内に駈けこんで行ったあとに、舞台の上でこう絶叫したとされている。

おお、世々の人の子、
お前たちのその生の、
いかに無に等しいことか。
人の子の幸福は、
すべて見かけのみのこと。
見かけの幸福は、やがて覆るもの。
あなたのためし、
あなたの悲運を見たわれは
おお、薄幸の人、オイディプスよ、
もはや人の子の何人をも、幸福と思うことはあるまい。

さらに一二一六〜一二二一行では彼らは、こう叫んで泣哭したことになっている。

おお、ライオスの子よ、
本当にもしなろうことなら、あなたをけっして見ずにいたかったものを。
今や、口から悲嘆の声を迸《ほとばし》らせ、

胸の張り裂けるほど、啼哭《ていこく》せずにおれない。
まことにあなたによって、かつてわたしは命を救われたのに、
そのあなた故に、今やわたしは、この眼を眠りの帳《とばり》で覆った。

つまりオイディプスはつい先ほどまでテバイの長老たちに、一一九六〜一一九八行で「彼は人の常には思い及ぶこともない高みにまで矢を届かせて、すべて欠くることなく幸せな至福を、わがものとした」と歌われているまさにその通りに、人間の中にほかにあり得ぬほど偉大で、あらゆる点で希有の幸福を享受しているように見えていた。その彼が彼らの見ている前でたちまち、一二〇四〜一二〇六行に「だが今や、彼ほどに惨めな者があり得ようか。生の変転により彼ほどに無惨な悲運にあい、彼ほどの苦悩を嘗める者が、だれかあり得ようか」と歌われているような、世にまたとあり得ようと思われぬ、悲惨と不幸のどん底に一挙に転落してしまった。この彼らが今日の当たりにした、オイディプスの身に起こったことをテバイの長老たちは、自分たちに人間が何であるかを思い知らせる、「ためし」つまり「例（パラデイグマ）」であると認めた。そしてあれほど無上に至福に思えたのが、じつはこれほど不幸のまさに極致だったそのオイディプスのパラデイグマに照らせば、人間のあいだには幸福などあり得ない。あれほど偉大と思えたのに、じつは人間の価値すら喪失していた、オイディプスの「ためし」によっ

て判断すれば人間の中に価値を持つ者などあり得ず、人間の価値はまさに「無に等しい（イサカイ　ト　メデン）」と言って痛嘆する。そしてその上で一二一六〜一二二一行では、いまオイディプスの「ためし」によって、彼らが眼前に突きつけられて見てしまった人間についての真実が、とうてい正視に耐えぬほど悲惨なので、自分たちはもしそうできるのならそれを見ずにいたかったと言って嘆き悲しんだ。そして見せられてしまった現在でも、自分たちはそれを正視していられないので、これ以上それを見ないために目蓋を固く鎖して、見るという行為そのものを止めてしまわずにいられないと言って、泣き叫んだとされている。

ところが舞台の上でテバイの長老たちがこのように、自分たちは「この眼を眠りの帳で覆った（カテコイメサ　トゥモン　オンマ）」、つまり見るという行為をこれ以上続けられなくなったと絶叫していたまさにその最中に、オイディプスは駈けこんで行った王宮の奥で、見たようにイオカステの遺体の衣から抜いたピンで、自分の両眼を突いて潰し、自分自身から見る能力を奪っていた。それでそのオイディプスが、つぶれた両眼から流れる血潮で朱に染まった、見るに耐えぬ姿で、よろめき手探りしながら王宮から出て来たのを見て、テバイの長老たちは、すでに不幸のどん底に落ちているオイディプスが、その上に自分の眼まで潰してしまって、視力を失うという苦難まで自分に負わせたその行為を、正気でしたとはとうてい信じることができなかった。それだから彼らは、オイディプスが自分の手で眼を潰したときには、その罰を彼に与えようとした神によって狂わされ理性を失って、自分の意志ではなく彼に取り憑いたその神に手を動かされていたとしか考えられないが、いったいどの神がそんな無慈悲な目に彼をあわせたのだろうかと言って、オイディプスに心から同情しながら嘆いたのだとされているわけだ。

その悲惨きわまりないオイディプスの姿を見て、テバイの長老たちが彼にした、「どの神が、あなたを駆り立てたのか（ティス　セペレ　ダイモノン）」（一三二八行）という問いかけに対して、オイディプスは見たようにまず一三二九〜一三三〇行で、「アポロンだ。友よ、アポロンがこのわたしの不幸、わたしの悲惨な苦患を成就したまうのだ」と言ったとされている。つまりこの質問をしたテバイの長老たちが、彼がそう答えると予想していたと思われるまさにその通りに、自分の身に起こった世にも恐ろしい不幸がすべて、自分の意志とは無関係に、アポロンによって引き起こされたことだったと明言したことになっているわけだ。

（5）目を潰しながら見ることを続けたオイディプス

じっさいにデルポイの神託によって、父を殺し母と結婚する運命にあると告げられるとオイディプスは、コリントに帰れば王の後継者だったにもかかわらず、彼が父母と信じていたポリュボスとメロペが存命しているあいだは、その国にけっして近づかぬとためらわずに決心をした。つまり彼は神託に予言された二重の不倫を犯さぬために、約束されていた王位も惜しげなく放棄し、できることはどんな犠牲も厭わずに、すべてしようとしたわけだ。

父であるとは知らずにライオスを殺してしまったときには彼は、供を連れ馬車に乗ってやって来て、一方的に彼を自分の通り道から追い退けようとし、従わずにいると手に持っていた馬を駆り立てるのに使う突き棒で打ち殺そうとして殴りかかって来た人物の暴挙に対して、ひるまずに一国の王子に相応しく振る舞った。そしてただ一人で大勢と戦って勝ったので、そのことで彼は理不尽な横暴に対して、自分とそのときに自分が代表していた国の名誉を、立派に守ったと言わねばならない。イオカステと母だとは知らずに結婚してしまったのは、彼がテバイの人々を破滅から救おうとして、生命の危機を顧みずに、敢然としてスピンクスに立ち向かって謎を解いたことの結果だった。

そのイオカステに、同じ母の腹から誕生したので自分の弟や妹でもある、あってはならぬ子どもたちを生ませてしまったことでもオイディプスは、ライオスとは対照的に、夫としてまた王としてとうぜん果たさねばならなかった責任を、全うする振る舞いをした。なぜならライオスは、神託に予言された息子に殺される運命を免れようとして、イオカステと結婚しても夫婦の交わりを忌避し、夫の務めを果たさなかったと言われている。そしてただ一度だけ妻と関係してできた子だったとされているオイディプスを、捨て子にして死なせようとしたので、そのことで彼は、嗣子を残し自分の死後も王統を存続させるという、王にとって絶対のものだったはずの義務まで、自身の安全のために果たさずにいたことが明らかだと思われるからだ。

『オイディプス王』でも、ライオスを殺した者が罰を受けずに市にいることが、現在テバイに起こっている災いの原因だということを、デルポイに行かせたクレオンが持ち帰った神託によって知らされるとオイディプスはただちに、そのライオス殺害の下手人はだれかということの究明にとりかかったとされている。そしてその詮議を進めて行く過程で、自分がデルポイからテバイに旅をしてくる途中で行きあって、供の者たちと一緒に殺した人物が、どうやらライオスだったらしいことに気づいて、愕然としたことになっている。もしそうならオイディプスが見つけようとして躍起になってきた、災いを終わらせるためにテバイから追放せねばならぬ人物が、オイディプス自身だということになるからだ。

ところがちょうどそのときに、コリントからそのために旅をしてやって来た老人によってオイディプスは、この時点では彼がまだ実父だと信じていたポリュボスが死去していたので、コリントに行けば彼はすぐに王になれることを知らされた。しかもそのときには彼には、ポリュボスが自分の手にかからずに死んだことで、かつてデルポイで受けた神託が、すべてその通りに実現する可能性は、すでに無くなったと思われていた。ところがそうなっても彼は、神託の予言のうち実現する可能性がまだ残っていると思われる母子婚の罪を犯すことにならぬために、メロペが生きているあいだはコリントには絶対に近づかぬという固い決心を、何と言われてもけっして変えなかったとされている。つまりそのことで彼はこのときまた改めて、神託に予言された忌わしい罪を犯すのを避けるために、自分がどんな犠牲を払うのも辞さぬことを、はっきりと示したことになっているわけだ。

テバイの王としてもオイディプスはこのときまで、あらゆる点で模範的な態度で国を統治し、国民のために尽力を惜しまずにきた。だからこそこの劇でテバイの長老たちは、彼がテバイを苦しめている災いの原因で、恐ろしい汚れを身に帯びていることが明らかになっても側を離れずに、彼の不幸と苦難に心の底から同情し、そのことを彼といっしょに泣き悲しむことを続けたとされているわけだ。

このようにオイディプスはこれまでの生の一々の局面で常に、持って生まれたことよなく気高い英雄の資質に相応しい、真摯で高潔で勇敢な非の打ちどころのない態度と振る舞いを見事に貫いてきた。それにもかかわらず彼は、いつのまにか二重の不倫を犯し、人間の埒を外れた大罪人になってしまっていたわけだが、そうなるまでの過程で彼は顧みて、やましい行動は何ひとつしていない。それだから彼は、自分がその二重の不倫のために眼を潰さねばならなくなったのは、自身の所為ではけっしてなく、すべてはたとえ何をしても必ずその通りに成就してしまう運命を予め彼に定めておいて、それを実現させたアポロンがしたことだと、一三二九〜一三三〇行のように、はっきりと言い切ることができたとされているのだと思われる。

だがこのように、自分が眼を潰さねばならなくなったのも、すべてアポロンの所為だったと認めそのことをはっきりと明言しておきながらオイディプスは見たように、そのあとにすぐに続けて一三三一〜一三三二行で、「だがこの眼を傷つけたのは、他の誰でもない。この不幸な私の手だ」と言ったことになっている。つまり彼がイオカステの衣から抜き取った黄金のピンで、眼をめったやたらに突き刺して潰したとき、傍目にはどれほど明らかに狂気の仕業のように見えても、自分はけっしてアポロンによっても、ほかのどの神によっても狂わされていたのではなく、正気でそうせねばならぬと自分で判断し、自分の意志で手を動かしてそのことをしたのだと、きっぱりと主張したとされているわけだ。

つまりオイディプスは確かに、彼の不幸を目のあたりに見せつけられたテバイの長老たちが、「本当にもしなろうことなら、あなたをけっして見ずにいたかったものを」と叫び、「わたしは、この眼を眠りの帳で覆った」と絶叫していたときに、王宮の奥で自分の眼を無惨に潰して見えなくしたことになっている。これは一見するとあたかも、テバイの長老たちが見ずにいたかったと言い、見てしまった今は、見ていることの恐ろしさから逃れるために、眼を塞いで見えぬようにせずにいられないと言って泣き叫んだ、人間の「ためし」である彼自身についての真実を見据える勇気は、オイディプスにも無かった。それで傍観者のテバイの長老たちが「眼を眠りの帳で覆った」と思わず絶叫したその通りのことを、オイディプスは本当に自分の身に実行した。そうすることで彼は、自分自身がその「ためし」である彼には、そうするよりほかに見るのを避ける方法が無かった、真実を直視する恐怖から逃れようとしたのではないかと思えるが、じつはそうではなかったのだ。

両の眼に黄金のピンを突き刺したその瞬間にも彼は、自分の身に起こった事態から、けっして眼を背けてはいなかった。それをはっきりと直視しながら彼は、その中で彼オイディプスがそれまで貫いてきた勇気、気高さ、高潔さを裏切らぬために、何を為さねばならぬかを瞬時に判断し、そのことを自分の意志と責任によって敢然と実行したことになっているのだ。

(6) オイディプスの名が持っていた二重の意味

それだけではない。劇の終わりに近いところでオイディプスは、彼に代わってまた再びテバイの為政者となったクレオンに対して、自分を今すぐ国外に放逐してくれとくり返し懇請した上で、一四五五〜一四五八行で、こう言ったとされている。

だがこのことだけは、わたしにはっきり分かっている。それは病も、またほかの何ものもわたしをいたずらに滅ぼすはずがなかろうということだ。もしそうならけっして、死ぬところを助けられはしなかっただろう。わたしが生きのびたのは、何か恐ろしい不幸にあうためだ。だが運命の定めがどのようであろうとも、それが私の身に成就するがよい。

つまりオイディプスの身にすでに降りかかっている災いと、その上に彼が眼を潰すことでつけ加えた苦難とは、彼以外の何人にも担うことができぬものだったと断言できるが、オイディプスはそれでもまだ、自分の嘗めねばならぬ不幸がそれで終わりになったとは、考えていなかったことになっているわけだ。すでにそれだけで彼以外のだれにも担えぬ苦難と災いに耐えて、彼は自分がこのあともなお生きることを続けねばならないと覚悟していた。そしてそのことで、今よりもさらに大きな不幸と苦しみにあう運命が、自分に定められているに違いないと予想していたことになっているのだ。

しかもその運命が、この先なお自分に定めているこのすべてを、オイディプスはけっして逃げもたじろぎもせずに雄々しく引き受けて生き通し、自分にこの上にまだ準備されている悲運のことごとくを、たとえ眼が見えなくなってもはっきりと見届けようとしていた。そしてその中で常に、自分がだれよりも勇敢で高潔な英雄であり続けるためにどう振る舞い何を為さねばならぬかを、そのときどきに自分の置かれる状況をしっかりと見定めながら、自分の責任で判断し、それを敢然と実行することを最後まで続ける覚悟でいたので、その決意をクレオンに対してもはっきりと披瀝したことになっているわけだ。

『オイディプス王』の中でオイディプスが明らかにしたことになっている彼自身の正体はこのように、スピンクスの謎に言われているまさにその通りに、同時に二本足でも四本足でも三本足でもあり、地上と空中のすべての生物の中で、ただ一つだけピュシス（本質）を変えるものだった。なぜなら彼は姿は間違いなく二本足の人間であるのに、知らずに犯していた父殺しと母子姦によって、ピュシスはいつのまにか四本足の獣に変わっており、そのことを知るとすぐさま眼を潰し、まだ二本足で立って歩けるはずの壮年の身で、四本足の獣のピュシスを持ちながら、満足に歩くためには杖が必要となり、三本足の存在になる運命を定められていたからだ。

このように暴露されたオイディプスの正体は、それを目の前に突きつけられたテバイの長老たちが、すぐにそのことを思い知って絶望し、激しく泣哭せずにいられなかったとされているように、人間がいかに徹底して無価値で虚無であるかをまざまざと見せつける、人間の正体のパラデイグマだった。だからこそスピンクスの前で、そのような正体をだれよりもはっきりと持つ自分自身を例（パラデイグマ）として指差しながら、「それは人間だ」と言明したオイディプスの答えは、この女怪が出していた謎に対する紛れのない正解だったのだと思われる。

だがオイディプスがそのパラデイグマである、まさに悲惨きわまりないというほかない人間の正体は、それを見せられたテバイの長老たちが、「本当にもしなろうことなら、あなたをけっして見ずにいたかったものを」と叫び、見てしまった今も見ないために、「この眼を眠りの帳《とばり》で覆った」と絶叫して泣かずにいられなかったように、人間にはそれをはっきりと見据えることが、できえようはずがないものだった。だからこそスピンクスは自分の出している謎が、人間によって解かれることはあり得ないと確信していた。それでその謎に言われている人間の正体を、まさにこの上ないほど具現しているオイディプスが彼女の前に来て、その自分を例として指差しながら、「それは人間だ」と宣言して謎を解くと、驚愕のあまり即座に身を投げて自殺せずにいられなかったのだと思われる。

ところがオイディプスは確かにこのように、自分のピュシスが四本足の獣であることを暴露して、眼を潰し杖を使わねば歩けぬ三本足の外見を持つようになっても、自分の置かれた状況をたじろがずにしっかりと見極め、そこで自分の為さねばならぬことを自分で判断して決め、それを自分の意志で断行するという、あらゆる生物の中で人間にだけ可能で、それだからそれが人間をして、二本足の人間たらしめているピュシスそのものである生き方を、どこまでも貫き通す。それでそのことで彼は、ピュシスが四本足の獣であることが暴露され、杖を使って歩くことで姿が三本足になってもなお、人間のピュシスを持ち続け二本足であり続けているわけだ。オイディプスはこのように、一面においては誰の目にも間違いなく二本足だと思えたのに、同時に四本足でも三本足でもあった。だがその反面で彼はまた、内実が四本足であることが明らかになり、そのために外見が三本足になってもなお、同時にあくまで二本足でもあり続けたことになっているわけだ。

一面では人間だったはずのオイディプスのピュシスは、いつのまにか獣に変わってしまっていた。だがその反面でその獣のピュシスを内実として持ち、そのことで人々から罵詈讒謗を浴びせられても、オイディプスはその時々の生き方によって、自分の本質を紛うかたのない人間のピュシスにすることを続けた。それだからこのような両面のどちら側から見た場合にも、オイディプスはスピンクスの謎に言われているまさにその通りに、同時に二本足でも四本足でも三本足でもあった。そして地上と海中のすべての生物の中で一つだけ、人間から獣へまた獣から人間へと、ピュシスを不断に変える存在だったわけだ。

オイディプスのこのような両面性は、彼の名前にも含意されていることが明らかだと思われる。オイディプスという名前は見たように古代ギリシア人によって一般には、「腫れ足」を意味すると考えられていた。そしてその場合にはこの名前は、オイディプスがだれよりも優れて二本足の人間であるように見えていてもじつは、生後すぐにライオスによって二本足性をはっきりと剥奪されて、四本足の獣の居場所である山奥の自然界へ放逐されたことの痕跡が、彼が二本足の人間の大人になってもなお同時に四本足性を帯びていることのしるしづけとして両足に明瞭に刻印されていることを示唆していると解釈することができる。

だがその一方で「オイディプス」はまた、オイダとディプスの二語が複合された名前としても解釈できる。オイダは「わたしは見る」という意味の動詞エイドの現在完了形だが現在の意味で使われ、「わたしは見る」つまり「私は見て、その結果知っている」という意味を持つ。そしてディプスは、「二本足」を意味する。そうするとオイディプスは、「私は、自分が二本足であることを知っている」、あるいは「私は見て知っているので、二本足である」というような意味を持つ名前と、解せることになる。それでその場合にはこの名前は、オイディプスが視力を失ってもなお、自分の置かれた状況をしっかりと見て、そこでせねばならぬことを的確に知るための視力と知力、つまり動詞オイダの表わす能力を確固として持ち続けるので、彼は四本足性が暴露され、杖を三本目の足として使わねば歩けなくなっても、相変わらずだれよりも優れて二本足であり、偉大な人間の英雄であることを、明らかにした意味を持つ名前であることになるわけだ。

(7) アテネに猖獗した疫病とスピンクスの謎

『オイディプス王』がアテネで何年のどのディオニュソスの祭りに初演されたかということに関して、作品それ自体のほかには証拠は与えられていない。それでこの劇の年代を推測するための鍵は、劇そのものの中に求められねばならぬことになるわけだが、その場合に重要な手掛かりとなるのは、ペロポネソス戦争が勃発した翌年の紀元前四三〇年から、アテネに腺ペストだったと思われるひどい疫病が猖獗し、市民たちが生き地獄の苦しみを味わった事件が、劇の内容に色濃く反映している可能性だ。

この劇では見たように、オイディプスがかつてスピンクスの災いから自分たちを救ってくれた名君として、市民たちから非常な感謝と尊敬と信頼を受けながら、統治し繁栄させてきたテバイに、不思議な災いが発生したことになっている。それで王宮の正面の入り口の前に、この現在の災いからもまた自分たちを救ってくれるように、オイディプスに嘆願しようとして、ゼウスの祭司の老人に率いられた市民たちがやって来てうずくまっている。そこで彼らの訴えを聞こうとして、オイディプスが王宮から出てきたところで、劇は始まっている。二二～三〇行では祭司の老人はそのオイディプスに、自分たちを苦しめている災いのことをこう述べている。

あなた様ご自身も、ご覧になっておいでの通りに、市は現在、激しい荒波に翻弄されて、血塗られた波浪の底から頭を持ち上げることすらできません。土地の実りをもたらすはずの作物は、芽のうちに枯れ、牛の群れは亡び、女たちは子を産めずに苦しみ、その上に燃えさかる神、憎んでも憎みきれぬ疫病が襲いかかって、市をほしいままに鞭打ち、そのためにカドモスの家は空《から》になろうとしており、その一方で暗黒の冥府には呻きと泣き声の富が満ち満ちている有り様でございます。

つまりテバイではこのとき、大地も家畜も人間の女たちも不毛になった上に、高熱を伴う恐ろしい疫病が猖獗した。そして市民たちがその犠牲になって死んで行くので、このままでは始祖王の名に因んで、「カドモスの家（ドマ　カドメイオン）」と呼ばれているテバイの住人が死に絶え、地下の死者の国をいたずらに富ませながら、空虚に成り果ててしまいそうな事態に立ち至っているというのだ。このときにこのように、テバイを亡ぼしてしまいそうな勢いだったとされている疫病は明らかに、紀元前四三〇年からアテネ人たちに塗炭の苦しみを味わわせた、激烈な病患を思わせる。

そのアテネに猖獗した疫病は、トゥキュディデスの『歴史』（二、一〇）にそのことが、「疫病の惨状はとうてい筆舌に尽しがたく、それに襲われる各人の病苦の激しさは、人間性の限界を超えていた」と言われているように、想像を絶するほどの苦痛によって、病人にその「人間性（ヘ　アントロペイア　ピュシス）」を、ほとんど喪失させた。また病人の側に付き添って看護する人が、感染のもっとも大きな危険に晒されたので、きわめて多くの患者たちが、言語を絶する苦しみの最中に、家族や友人たちからも見捨てられ、何の手当ても受けずに孤独の状態で死んでいったので、そのことは『歴史』（二、五一）に、「感染の恐れから近づこうともしなくなれば、病人たちは孤独になって死んでいくほかなかった。そのため多くの家が、そこにいる病人を看護しようとする人がいないために、まるで空き家のように成り果てた」と言われている。その上に死者の数が処理しきれないほど多かったために、古代のギリシア人にとってとくに神聖だった弔いの義務も遺族たちによって平気で無視され、死によってけがされてはけっしてならないと信じられていた神域にまで多くの死体が放置されるという、あってはならぬ事態が現出した。

つまり宗教の禁忌が蹂躙され、瀆聖の罪が犯されることが日常茶飯事のようになったので、その無秩序状態の中で多くのアテネ人たちは道徳心も無くし、法を犯すことも何とも思わなくなった。その有り様はトゥキュディデス（『歴史』二、五二〜五三）によって、こう生々しく描写されている。

そこにも人々が住んでいた神域は、その中で死んだ者たちの死骸でいっぱいになった。つまりあまりにも凄まじい災いの猛威に痛めつけられたために人々は、身の成り行きも分からなくなって、宗教にも神の掟にも顧慮をまるで払わなくなったのだ。そのためにそれまで遵守されてきた埋葬の仕来りもすっかり混乱してしまって、各人がそれぞれ自分にできるやり方で死者を葬った。多くの人々はすでに大勢の身内に死なれたために、葬儀に必要なものにも事欠くようになって、そのためにじつに破廉恥な弔いのやり方をした。なぜなら彼らはほかの人々が火葬のため、薪を積み上げたところに先に行って、自分の身内の死骸をその上に載せて燃やしてしまったり、あるいはまたすでに別の死体が焼かれている上に運んで行った死体を投げ上げてそのままいなくなってしまうようなことをしたからだ。

疫病はまたその他の点に関しても、市にますます目に余る無法が横行するそもそもの発端になった。なぜなら以前には快楽のためにだけにしているのではないように取り繕おうとしたような行為でも、人々は堂々とやってのけるようになったからだ。それはそれまで富み栄えていた者たちがとつぜん死に、前には文無しの貧乏人だった者たちがたちまちのうちにその死んだ人々の財産を手に入れるというような急激な変転を目にして、人々が肉体も財産もすべてはほんの束の間のものでしかないと考えるようになった。そして欲望をただちに満足させる快楽だけを、追い求めるのにしくことはないと見なすようになったためだった。苦難に耐えてでも名誉を得ることに熱心である者など、もはや誰もいなくなってしまった。それはだれもが名誉などそれを得るよりも前に、自分が死んでしまうかもしれないと考えた。そして今の快楽とどんな仕方であれともかくそのために役に立つものが結構でもあり、また有用でもあると見なしたからだった。神々に対する畏れもまた人間が定めた法律も、もはや抑止力を持つものは何もなくなった。みながまったく同じように死んでいくのを見た人々は、敬神の念など持とうが持たなかろうが結果は同じことだと考えた。その上に罪を犯した場合にも、だれも自分がそのことで裁判にかかって罰に服するまで生きていられるとは期待せず、それどころかもっと重い罰がすでに宣告されて自分たちはそれに脅かされているのだから、その災禍が自分に降りかかるより前に、生活を少しでも楽しむのが当然と思ったのである。

このように疫病が猛威を振るった最中のアテネでは、病人や死者の多くは、人間としての取り扱いをほとんど受けられなかった。また罹病を免れて生きていた者の多くも、病人の手当てもせず死者に対する義務も果たさず、他の点でも道徳も法律も守らなくなり、宗教心も無くしたと言われているが、それはそのことで彼らも、人間の埒に入らぬ存在に成り下がったことを意味していた。なぜなら古代ギリシア人の通念でも、人間と他の生物とのもっとも肝心な違いは、人間が宗教を持ち、道徳と法に従い、正義を守って生きていることで、それが無くなれば人間は魚や鳥や獣と区別できなくなると考えられていたからで、ヘシオドスの『仕事と日』にはそのことが、弟ペルセスに対する詩人からの教訓として、二七四〜二八〇行にこう歌われている。

ペルセスよ、お前はこのことを、お前の心に銘記しなさい。
この掟を、クロノスの子（＝ゼウス）が、人間たちに定めたもうたのだから。
魚たちと獣らと翼を持つ鳥どもは、たがいに共食いしあう。
なぜなら彼らのあいだには、正義がないから。
だが人間たちには、彼（ゼウス）は、
何物にもはるかに勝って最良のものである正義を、与えたもうたのだ。

つまり疫病の最中にアテネ人たちは、自分たちの多くが人間としての価値も尊厳も喪失し、四つ足の獣と区別の無いものに成り果ててしまうという事態がじっさいに起こるのを、生々しく体験したわけだ。このアテネ人たちの経験は、『オイディプス王』の中で、オイディプスの身に起こったとされていることと、明らかにびっくりするほどよく吻合するところがあった。この劇の中でオイディプスは見たように、二本足の人間だったはずの自分のピュシスが、四つ足の獣に変化してしまっていた事実を、思い知ったことになっているからだ。

（8）オイディプスの謎解きとアテネの栄光

しかもこのことを思い知るより前にこの劇の八行ではオイディプスは自分のことを、「すべての人にその誉れが知れ渡っている、オイディプスという名で呼ばれているもの（ホ　パシクレイノス　オイディプス　カルメノス）」と呼んだ。そして六～七行では彼に救いを願おうとしてやって来た市民たちを、「子どもたち（テクナ）」と呼びながら、その彼らの訴えを「私は　他の者を使いに出して聞くべきではないと考えた（ハゴ　ディカイオン　メ　パランゲロン　テクナ　アロン　アクエイン）」。それで「自分自身がこうして出て来たのだ（アウトスホデ　エレリュタ）」と言ったとされている。つまりこの劇が始まった時点ではオイディプスは、スピンクスの謎を解き災いから救ったテバイを、稀代の英王として統治してきた、自分の名声は天下に隠れも無いので、その自分オイディプスが人間の中の第一人者であることを、知らぬ者がだれもいないという満腔の自信に溢れていたことになっているわけだ。

『オイディプス王』の中でオイディプスに起こったとされている事態にはこの点でも、右に見た疫病の猖獗の最中にアテネ人たちがした体験と、びっくりするほど酷似しているところがあると思われる。なぜならこの悲惨事を経験する直前までアテネ人たちはまさに、自分たちは人間の中の第一人者だという、自信に溢れていたと思われるからだ。疫病の猖獗が始まる直前の紀元前四三一年の冬にはアテネで、ペロポネソス戦争の初年度の戦死者たちのために、盛大な国葬が執行されたが、トゥキュディデスの『歴史』(二、三四〜四六)に内容が伝えられている、そのときにペリクレスによってされた追悼の演説には、当時のアテネ人たちが持っていたその満腔の自信が、じつに見事に言い表わされている。その中のもっとも有名と思われる箇所(二、四二)ではペリクレスはなかんずくこう熱弁を振るって、その国葬に参集したアテネ人たちの胸中に抱懐されていた絶大な自負心に、この上ないほど的確な表現を与え、彼らの士気を鼓舞したとされている。

一言で言えば要するに、全市がヘラス(＝ギリシア世界)にとってまさに、生きた教訓なのだ。しかもその一方でまた、われわれアテネ人ほどに各人がそれぞれ、一個人としてもこれほどありとあらゆる分野で、これほど楽しみながらしかもやすやすと、能力を発揮できる者たちはほかにあるまいと、私には思われる。

そのことがけっしてこの式典のために言葉だけでしている大言壮語ではなく確とした事実に裏付けられた真実だということは、そのような資質によって現にわれわれが獲得している市の力が、それをはっきりと証明している。じじつ現代の諸国の中でただわれわれの市だけが、試練にあったときに評判以上の力を示した。またただわれわれの市だけが、攻撃してくる敵を負かしても、痛めつけられた敵もそのことを納得して怒ることをせず、服従する者もその支配を受けるのが当然だと得心して怨嗟の声を上げない。赫赫たる幾多の証拠とまたそれについてされている証言によっても明々白々なその力の故に、われわれは今の人々によってだけでなく、後の世の人々によっても賛嘆の的にされ続けるであろう。

われわれにはホメロスによって手柄を讃えられることも、またほかのどんな詩人も必要ではない。なぜなら詩人たちはその詩句によって、束の間は人々の耳を楽しませても、その物語はわれわれの成し遂げた功業の真実の前では、色褪せてしまうことになるであろうから。実際われわれの果敢な勇気の前に、進路を開くことを余儀なくされなかったところは、海上にも陸上にもどこにもなく、至る所にわれわれは、敵に対してわれわれが与えた害と、自分たちの武勲の証拠となる不滅の記念物を残してきたのだ。

それだからこそこれらの戦死者たちも、かくも偉大な市のために、それをわれわれが失うことがけっしてあってはならぬと思い定めて、雄々しく戦って死んだのだ。残された者たちもだから各人が当然、欣然としてその市のために、いかなる艱難にも耐えねばならない。

ここで「試練にあったときに（エス　ペイラン）」と言われている、アテネ人たちの古今東西のすべての人類の中で冠絶した偉大さが、それによって顕示された「試練（ペイラ）」とは、ペルシア戦争のことにほかならない。そのペルシア戦争で、まさに奇蹟と言うほかない勝利を、マラトンでもサラミスでも勝ち得たアテネ人たちの勲功を、ペリクレスはここでホメロスらの詩人たちによって歌われ讃えられてきた、神話時代の英雄たちの手柄と対比させて、自分たち現代のアテネ人たちのためには、ホメロスもほかの詩人も必要でないと言い切っている。神話の英雄たちは古代のギリシア人によって、ヘシオドスの『仕事と日』に「半神たちと呼ばれている、神のような英雄の種族（アンドロン　ヘロオン　テイオン　ゲノス　ホイ　カレオンタイ　ヘミテオイ）」（一五九〜一六〇行）と歌われているように、現在の人間たちとは別個の人類の種族に属し、ずっと神々に近い半神的な勇士だったと見なされて、礼拝の対象にもされていた。ペリクレスによれば、その半神的英雄たちの事績として神話に語られてきた手柄も、今の時代のアテネ人たちが成し遂げた功業の前では色褪せるというのだ。

なぜなら前者の手柄は、聞く者たちの耳を「束のま楽しませる（ト　アウティカ　テレプセイ）」ことを目的として詩人たちが歌う「物語（ヒュポノイア――虚構とか空想とも直訳できる――）」の主題にされてきているので、いったいどこまでが事実で、どこからが粉飾や誇張あるいはまったくの作り話であるのか判然としない。それと違って今の時代のアテネ人たちの功業は、現在でもそれを自分の身に経験したり、確かな事実として見聞きした人々が至るところに少なからず現存している。それだから生の事実そのままですでに、神話に語られている英雄たちの事績を霞ませ色褪せさせてしまうその彼らの功業を、その上さらに粉飾したり誇張したりあるいは虚構までして喧伝する詩人たちなど、今のアテネ人たちにはとうぜん何の必要もない。こう言ってペリクレスは、アテネ人たちの自負心に訴えたとされているわけだ。

事実ペルシア戦争におけるアテネ人たちの目覚しい活躍は、ホメロスの詩の中で歌われている、アキレウスらの英雄たちが、ダーダルネス海峡の近くで繁栄をきわめていたトロヤに遠征し、十年の攻囲の末に陥落させ滅亡させた、神話に名高い功業をはるかに凌駕するものだったと言っても、少しも過言ではないと思われる。なぜなら一方のトロヤ戦争と他方のペルシア戦争のあいだには、どちらもアジアに対するギリシアの戦いだったという点では確かに共通するところがあった。だがどちらもアジアの強国であっても、神話の英雄たちが攻略したトロヤと、アテネ人たちが抗戦したペルシア帝国とでは、強大さの程度が明らかにまるで違っていた。そして比較にならないほどはるかにより強大な敵と戦って勝ったのは、神話の英雄たちではなくアテネ人たちの方であったことは、だれの目にも明々白々だったと思われるからだ。

ペルシア戦争に勝ったことでアテネ人たちはこのように、ホメロスの詩に歌われた英雄たちの手柄をもはるかに凌ぐほどの功績を、自分たちが確かに果たしたと感じることができたのだと思われる。だから疫病の猖獗が始まる前年の冬にされた演説の中で、そのことがペリクレスによって見たような言葉で指摘されても、彼らはそれが誇張だとは思わず、ペリクレスの雄弁が、自分たちの抱懐している自負心に的確な表現を与えてくれたと感じ、それによって自分たちの無双な偉大さについての確信をさらにいっそう強め、一人一人の胸中にあった誇りと自尊心を、いやが上にも絶大にしたのだと思われる。

(9) アテネの敗北と『コロノスのオイディプス』に描かれた神霊への変化

ペロポネソス戦争が始まった時点では、アテネ人たちはこのように、自分たちこそ神話の半神的英雄たちの事績も凌駕するほど輝かしい功業を達成した、古今東西の人間たちの中の第一人者だという自信に溢れていた。それがその翌年から突発した疫病の猖獗の最中に、前掲したトゥキュディデスの生々しい叙述に見られるような生き地獄の苦しみにあった。そしてその中で多くの市民たちが人間としての尊厳を完全に無くし、宗教も道徳も法律も平気で踏みにじり、そのことで四本足の獣と違いの無い存在に成り下がってしまう酸鼻を体験させられたわけだ。

それでそのような経験を味わったアテネ人たちの前で、おそらくその直後に上演された『オイディプス王』の中でソポクレスは明らかに意図的に、そのアテネ人たちの経験とまさに吻合するところがある事態が、主人公の身に起こる有り様を、生々しく呈示して見せたのだと思われる。アテネ人たちと同様にオイディプスも、その事態が起こる直前まで、限りなく偉大だと思われ、自分でもそう自任していた。だがアテネ人たちが経験したまさにその通りに、オイディプスも劇の中でとつぜん、自分の内実のピュシスがじつはまったく想像もつかなかったほど、醜悪で悲惨だったことに気づかされた。だがオイディプスは、そんな醜悪で悲惨なピュシスが露呈して不幸と苦難の極致を味わうことになってもなお、これも彼の持ち前のもう一つのピュシスである、比類なく崇高な偉大さをけっして失わない。どんな不幸と苦難にも雄々しく耐え、自己に課せられる運命をすべてはっきりと見届けながら、最後まで責任を果たし自分に相応しく生き通そうとする。そのことで彼は四本足であった正体が露見し、その所為で杖を使わねば歩けぬ見るも哀れな三本足の姿に成り果てても、それと同時になおあくまで二本足でもあり正真正銘の人間でもあることを、一瞬たりとも止めず、暴露された自分の醜悪きわまりない獣のピュシスを、こよなく高貴な人間のピュシスに変えることを不断に続ける。

このようにスピンクスの謎に言われているまさにその通りの存在であることで、不幸と苦難の極致にあってもあくまで偉大な英雄であり続けるオイディプスを、ソポクレスは『オイディプス王』の中で、その謎に対する正解である人間のパラデイグマ（範例）として呈示して見せた。そのときにこの劇の上演に観衆として立ち会ったアテネ人たちは、そんなことが彼らの身に起こるとはほんの少し前まで想像もつかなかった異常な苦難と不幸を体験し、それによって自分たちが無力で醜悪であることを思い知らされ、絶望し勇気を沮喪しかけていたと思われる。そのアテネ人たちの前で、このようなオイディプスの像を人間のパラデイグマとして描いて見せることによって、ソポクレスは同胞のアテネ人たちに対して、「人間はたしかに二本足に見えても、実は四本足でも三本足でもあるが、それでもなおそのための意志と勇気があれば、あくまで二本足であり通すことができるし、そうせねばならない」と、訴えようとしたのだと思われる。

ギリシア劇の白眉であるこの劇が初演された約二十年後の紀元前四〇六年にソポクレスは、九十歳という高齢で世を去った。その死の直前に彼は、遺作となったオイディプスを主人公にするもう一篇の劇『コロノスのオイディプス』を書き上げた。紀元前四〇二年に彼の孫によって初演されたこの劇では、オイディプスが想像を絶する不幸と苦難の極致にあっても科される運命を見届け、その中で責任を果たし、自分に相応しくあろうとすることでピュシスを人間にする生き方を続けた末に、流浪の最後にソポクレスの故郷だったアッティカのコロノスに辿り着き、そこで生涯を終え地上から姿を消した経緯が描かれている。劇の冒頭ではオイディプスは、眼が見えず襤褸《ぼろ》を着た老いぼれの乞食で、付き添って世話をする孝行な娘のアンティゴネに手を引いてもらわねば歩けぬという、酸鼻の極致の有り様でコロノスにやって来る。そしてそこで劇が進行していくにつれて次第に、人間以上の力を持つ存在へ変化を遂げ、劇の結末では不思議な奇跡により神秘的な仕方で地上から姿を消して、地下の神々の仲間入りをして不死の神霊になる。

つまり前の劇では、同時に二本足でも四本足でも三本足でもあり、人間から獣へ、獣から人間へとピュシスを変えることで、スピンクスの謎に言われている通りの存在であることが明らかにされたオイディプスが、この劇の中ではそのような人間以下の獣と、紛う方のない人間と二重のピュシスを持って、一方から他方へまた他方から一方へとピュシスを変える存在から、人間以上の存在である不死の神霊へと、ピュシスをさらに変化させているわけだ。そこでそのことで人間のパラデイグマであるオイディプスが、足の数の変化が二本、四本、三本と三様であるのと対応して、ピュシスもやはり、人間と、人間以下の獣と、人間以上の存在である不死の神霊へと、三様の変化をするものであったことが明らかにされている。

この劇の一四六二～一四七一行では、雷がとつぜん凄まじく鳴り轟き、稲光りが空に猛烈に閃いて、オイディプスがいよいよ生涯を終えるべきときが来たことを知らせるので、そこにいる土地の老人たちは、恐れに震え上がりながら、こう絶叫する。

聞け、ゼウスが投じたまう、この言語を絶する、
耳を聾する轟音が、鳴り響くのを。
恐れが、頭髪の先端まで逆立て、
心は、恐怖に戦く。
稲光りが、またも空を燃やす。
いったい何が起こるのかと、恐れずにいられない。
こんなことが、何の前兆でもなしに起こることは、けっしてあり得ないので、
これは間違いなく、何か禍々しいことの出来するしるしだ。
おお、大空よ。おお、ゼウスよ。

オイディプスはそれで、その異変が彼が地上での命を終結させるときが来たことの紛う方ないしるしであることを告げる。そして彼がこのコロノスに留まって、そこを終焉の地とするこ

とを許してくれたアッティカの王のテセウスをすぐに、その場に呼んでくれるようにと土地の老人たちに頼む。そして近くでポセイドンに犠牲を捧げている最中だったテセウスが、急いでやって来ると彼に、自分が今からただテセウスだけが知ることを許される、自分がそこで世を去る場所へ案内するという。そしてそれからアンティゴネと、父の身を案じてテバイからはるばるコロノスまで旅をしてきた妹のイスメネとの二人の孝行な娘たちと、テセウスらの先頭に立ち、一五四二〜一五五二行でこう言いながら、まるで眼が見えているような確かな足取りで、みなを案内して歩きながら去って行った。

さあ娘たち、この私についておいで。奇妙ではあるが私がお前たちを案内していくのだ。これまでお前たちが、父にそうしてくれたように。さあおいで。だが私に手を触れてはならない。この土地でそこに隠されることがこの私の運命になっている聖なる奥つ城を、私に見つけさせておくれ。こちらへ、こうだ。さあ、こちらへ歩いておいで。冥府の道案内のヘルメスさまと地下の女神さまとがごいっしょに、私をこちらへ連れて行かれるから。おお、私には闇と変わらぬが、ずっと以前に私のものでもあったことのある光よ。私の身体がお前に触れるのも、今がもう最後だ。今こそ私は終わりにきたこの命を、ハデスのところに隠しに赴くのだから。

それからしばらくすると一人の使者の男が登場して、そこにいる人たちに、オイディプスが人間以上の存在にされる奇跡が起こったことを告げ、自分が知りえたその不思議の前後の模様を話して聞かせる。それによるとオイディプスは、娘たちとテセウスらをある場所まで導いていったところで止まり、そこで着ていた襤褸を脱ぎ捨てた。そして娘たちに清水を汲んでこさせて、身体を洗わせ、清潔な衣服を着た。そうすると地底から冥府の主が鳴らすと覚しい轟音が響いてきて、娘たちはそれを聞いて、震えて泣きながら父の膝の上に身を投げ、胸を打ち悲嘆の叫びをあげた。オイディプスは娘たちを両腕で抱き締め、深い愛情の籠った言葉でこれまでの孝行に対する礼を述べ、最後の別れを告げた。そのあとでいっしゅん沈黙があたりを支配したかと思うと、それを破ってだれかが大声でオイディプスに呼びかけ、それを聞いて居合わせた者たちの髪が、たちまち恐怖に逆立った。

それは紛れもなく、まるで仲間に対するように親しく彼に語りかける神の声で、一六二七〜一六二八行によれば、「おうい、そこのオイディプス、なぜ私たちの出発を遅らせるんだ。もうずいぶん長いこと、お前に待たされているぞ」と言って、彼に呼びかけた。そうするとオイディプスは、そこでテセウスを近くに呼び寄せて、娘たちの面倒を見てやってくれとくれぐれも頼み、もう一度見えぬ手で娘たちの身体に触れ、一六四〇〜一六四四行によればこう言って、テセウス以外の者をみなそこから離れさせた。

おお子どもたちよ、お前たちは心にしっかり気高さを保って、この場所から立ち去り、見ても聞いてもならぬことを見聞きせぬようにしなければならぬ。大急ぎで行きなさい。ただ王のテセウス殿だけが、ここに残られて、これから起こることを知られるが良い。

そしてしばらくして立ち去った者たちが振り返ってみると、オイディプスの姿は見えずただテセウスだけが、何か人間の眼が見るに耐えぬほど不思議なことの顕現に接しでもしたかのように、手を顔に当て眼を覆っているのが見られたという。このようにオイディプスは、テセウス以外には知ることの許されぬ仕方で地上から姿を消し、地下に迎えられて精霊に化したので、使者の男は最後に一六五八〜一六六六行でこう言って、報告を結んだとされている。

あの人は、神が投げた燃えさかる雷火に打ち殺されたのでもなければ、あのとき突風が吹いて、彼を運び去ったのでもない。神々から誰かが、彼の案内に遣わされたのか、それとも地下の神々が住みたまう大地の底が、彼を歓迎して割れ目を開いたのだ。あのお人は悼まねばならぬような仕方ではなく、病に苦しみもせずに、人の中にまたとあり得ぬような驚くべき奇跡によって、世を去られたのだ。たとえ私の言っていることが正気ではなく思えても、私はその人たちが思うように、正気をなくしているわけではけっしてないのだ。

オイディプスはこのように、彼の生涯の最後に地下界への道案内役を務めるヘルメスと、それに冥府の女王ペルセポネ自らによって、他界へと導かれた。そしてその上に、その声を聞いた生きている者たちがみな、恐怖に震えて髪を逆立たせたという、冥府に住む神の一人が彼を自分たちの仲間として迎えようとして、「自分たちはもう長いこと、彼が来るのを今か今かと待ちかねている」と言って、親しく呼びかけるのを聞いた。そしてそのあとで、その模様を一人だけ目撃するのを許されたテセウス以外の者には、知ることのできぬ神秘な仕方で、地上を去り不死の神霊の一人として地下界に迎え入れられて、そこで人間以上の存在になったとされているわけだ。

『コロノスのオイディプス』が書かれたと思われる紀元前四〇四年の二年後の紀元前四〇二年には、ペロポネソス戦争がアテネの敗北によって終わったが、そうなることは劇が書かれた時点で、すでに誰の目にも明らかだった。それればかりか、敗北の暁にはアテネは、完全に破壊されて亡ぼされる可能性すらあった。スパルタと同盟しアテネと戦っていた諸国の中には、そう主張していた者たちが多く、中でもテバイとコリントがその急先鋒だったことが、クセノポン（『ヘレニカ』二、二、一九）によって伝えられている。つまり紀元前五世紀にペルシア戦争に勝利し、その後ペリクレスの統治下で未曾有の繁栄を謳歌したあとのアテネは、ペロポネソス戦争で辛酸を舐めながら、そのあいだに度重なる失錯によって自信を微塵に粉砕されて疲労困憊し、地上から存在そのものを抹殺される恐れすらあったわけだ。ソポクレスはそれで、これが同胞たちに対する彼からの遺言になると意識しながら、死の直前にこの劇を書き上げたのだと思われる。

その同胞たちに宛てた遺言として書かれたこの劇の中でソポクレスは、かつてのアテネのように偉大な手柄によって、人間の中の第一人者として仰がれる栄光を得たあとに、現在のアテネを思わせるような苦難にあい惨憺たる逆境に陥ったオイディプスが、その生涯の終わりに地上から消滅しながら、不死の神霊に化した奇跡を描いてみせた。そのことによってソポクレスは同胞のアテネ人たちに、このオイディプスのように不屈の勇気を持ってどんな苦難にも雄々しく耐え、悲惨のどん底に落ちても最後まで気高さを失わぬ偉大な存在は、運命の所為で破滅して地上から無くなっても、神々によってなお不可視の影響力を付与され、それを歴史の中で発揮し続けるので、久遠に不滅にもなり得るのだということを、自分になお残されていたありん限りの生命力を振り絞って、強く訴えようとしたのだと思われる。

それでそれによって「二本足でも、四本足でも、三本足でもあり、すべての生物の中でただ一つだけピュシスを変えるものは何か」というスピンクスの謎は、その設問に答えて人間が「この自分がそうである。人間こそがその答えだ」と言って、自己を指し示さねばならぬ。そして万難を排して、その答えであり通さねばならぬ問いかけとして、古代ギリシアからわれわれ現代の人間にも、伝えられることになったのだと思われるわけだ。

あとがき

人間は他のすべての生物がしている本能に従った生き方を止め、文化を持って生きることをはじめた時点で生きるために、謎の答えを模索せねばならぬ宿命を持つことになった。それは「人間とは何か」、「どう生きねばならぬか」という謎にほかならない。

人間以外の動物は複雑に見える生き方をしているものもすべてが、その時々の行動をそれぞれの本能に従ってしている。その中にはアリや蜜バチのように、社会と呼べるような集団を営んでいて、同じ巣に属する個体のあいだに、女王アリ、雄アリ、兵隊アリ、働きアリのような明瞭な区別があり、そのそれぞれが全体のために、人間の社会の階級の違いを思わせるような、異なる役割を果たしているものもある。またアリの中にはキノコを栽培したり、アブラムシを飼育するなどして、農業や牧畜に当たることをしているように見える種類もある。

だがその場合でも各個体の行動は、すべてが本能の通りにされているので完全に自然の一部であって、農業や牧畜に似て見えるアリの営為も、けっして文化ではない。だからアリはわれわれの目に奇異に思える振舞をしている場合にも、その自分たちの行動に「なぜ」という疑問を持つことはない。

つまり本書の第一章で取り上げているヘシオドスの詩の中で、辛苦を負わされているように歌われている蜜バチの働きバチが、なぜ自分は女王バチでも雄バチでもなく働きバチで、その役目に従事せねばならぬのかを謎と感じ、その説明を求めるようなことは、けっして起こりえないことであるわけだ。

だが人間は文化を持つことで、他のすべての動物と違って、本能の通りに生きることを止めた。それでそのことで自然の中にいてその恵みを受けていながら、あるがままの自然の一部ではなくなり、自然界の中の異分子になった。同時に自分は何であり、どう行動して生きていかねばならぬかが、人間にとって説明せねばならぬ謎になった。そして永遠に解けることのありえない、その謎の答えを模索しながら生きることが、人間の不可避の定めになったのだ。

それ以来人間は今日まで、さまざまに営んできた文化の中でこの謎に対して、それぞれが独自のものである答えを模索しては、その答えを神話を物語ることで、説明しようと努めながら生きてきた。ギリシア神話は、人類に負わされることになったその永遠の謎に対して、古代のギリシア人が模索した答えを、説明しようと試みた話にほかならない。

ギリシア人にとって人生の最大の謎の一つは、あくまで当時の男性中心の視点ではあるが、「なぜ人間の半分が、不可解な存在と思われる女なのか」ということだった。本書の第一章では、男が腕に抱きしめて鍾愛せずにいられず、歓楽の源泉になると思える女が、なぜその反対にあらゆる苦しみの原因の災いであるのかという謎に対して、どのような謎解きが神話の中で模索されたかを、その神話の出発点になったヘシオドスの詩にまで、遡って考究した。

ギリシア人はまた現在の世界で、人間と神々のあいだに超えることのできぬ明確な隔たりが置かれている一方で、人間は他の動物たちとも違う生き方をするように定められていると考えていた。だがそこで天と地が触れあって区別が不分明になる世界の果てに行けば、さまざまな事物の差異が模糊とするので、神々と人間や、人間と他の動物の違いも不明瞭になると想像していた。

だがギリシア人はその神話的楽園のエティオピアには、この世界の人間は近づくことを許されていないと考え、そのことを第二章で見たような印象的な話によって物語っていた。それでこの謎の国エティオピアの話はギリシア人に、彼らがこの世界で人間に定められている通りに、神々とも動物とも異なる人間に固有の生き方をせねばならぬことを、はっきりと得心させる意味を持ったのだと思われる。

ギリシア人に戦士の模範として仰がれたのはアテナ女神だったが、アテナの楯には大勇士のペルセウスから献上されたゴルゴの頭が、飾りとしてつけられていた。ペルセウスは尋常なやり方では取ることが不可能だったこの女怪の頭を、アテナに助けられ明らかに奸策と思われる仕方で手に入れたことを物語られている。アテナはまたトロヤ戦争でも、これも奸策だった有名な木馬の計略によって、ギリシア方に最後の勝利を得させたことを物語られている。つまりアテナはギリシア人たちに、戦いに勝つために武勇だけではなく、奸計も不可欠なことを教えていると思われるわけだ。第三章ではこのような戦士にとっての奸計の必要についての教えが、ギリシアだけでなく、インド、ゲルマン、ケルト、古代ローマなどの神話伝説にもよく似た形で見られるので、もとはインド・ヨーロッパ語族の伝承から受け継がれたものであることを、明らかにしようと努めた。

第四章ではギリシア文学に出てくる謎の例をいくつか取り上げた上で、第五章では本書の締め括りとして、ギリシアの謎の白眉である、スピンクスが出しオイディプスが解いたとされている、有名な謎についての考察を試みた。オイディプスはこの謎を、それを出しているスピンクスの面前で、答えは自分がその代表である人間だと喝破して解いて、スピンクスをすぐに自殺を遂げねばならなかったほど驚愕させたと物語られている。そのオイディプスが、自分こそ謎の正解だと言ったことの、その時点では当のオイディプス自身にも気づかれていなかった、隠された真の意味については、彼を主人公にする二篇の傑作の悲劇『オイディプス王』と『コロノスのオイディプス』の中で、見事と言うほかないと思われる謎解きがされている。第五章ではそのソポクレスがした鮮やかな謎解きが、紀元前五世紀の歴史の中でアテネ人たちが、ペルシア戦争とペロポネソス戦争を通して味わった、栄光と挫折の体験と、どう切り離せない関係にあるかを、できるだけ分かりやすく解明しようと努めた。

最後に本書の上梓のためにもまた、青土社書籍編集部の水木康文氏に、一方ならぬご尽力を賜ったことを記して、衷心より御礼を申し上げる。

二〇一四年六月二十三日

吉田敦彦

注

第一章

（1）J-P. Vernant, *Mythe et société en Grèce ancienne*, François Maspero (Paris), 1974, p.188-189.

（2）以上に述べた、一見あまりにも過激とも不当とも思われる女性観が受け入れられ流布していた時代的要因と文化的必然性については、例えば拙著『ギリシァ文化の深層』（国文社、一九八四年）、その他の論考を参照されたい。

第三章

（1）H. W. Parke, *Festivals of the Athens*, Thames and Hudson (London), 1977, p.92 : "the day following the *Apaturia* was notorious for the hang-over which it left.

（2）F. Jacoby, *Die Fragmente der Griechischen Historiker*, I, A, E. J. Brill (Leiden), 1968, p.135-

136.

（3） F. Dübner, *Scholia Graeca in Aristophanem,* Georg Olms Verlag (Hildesheim), 1969, p.7.

（4） 同右、一九八頁。

（5） P. Vidal-Naquet, *Le chasseur noir: formes de pensée et formes de sociétés dans le monde grec,* François Maspero (Paris), 1981, p.159-160. メラントスに手本が示されている戦い方と、重装歩兵の戦い方の違いをヴィダル＝ナケは、レヴィ＝ストロースによって分析された、「生のもの（le cru）」と「料理されたもの（le cuit）」の違いに準えている。同書、一六二～一六三頁。

（6） 同右、一七四頁。

（7） G. Dumézil, *Horace et les Curiaces,* Gallimard (Paris), 1942.

（8） 以下のクホリンの話については、同右、三四～四〇頁のほかに、G. Roth, *Le Geste de Cuchulainn,* L'Edition d'Art (Paris), 1927, p.3-22 : J.Markale, *L'épopée celtique d'Irlande,* Payot (Paris), 1971, p.75-88. などを参照。

（9） この猛犬を始末したときのやり方については、Markale, 前掲書（注8）、八二頁に、"Le garçon n'avait aucun moyen de défense, mais il lui lança de toute sa force sa balle en sorte qu'elle traversa la gorge du chien de guerre et poussa tout ce qu'il y avait de boyaux à l'intérieur par la porte de derrière (*sic*) ; il prit les deux pattes et le frappa contre un bloc de pierre, en sorte que ses membres tombèrent en morceaux à terre" と言われている。

（10） Dumézil, 前掲書（注7）、三六頁、"la pomme de fer deux fois fondne".

(11) 同右、三七頁、“il ne peut être tué que d'un premier coup”.
(12) Vidal-Naquet, 前掲書（注5）、一七四頁、“Mais les exploits de Cuchulainn Irlandais, ces exploits qui rendent son retour des frontières si difficiles si dangereux, sont aussi des ruses”.
(13) Dumézil, 前掲書（注7）。
(14) Vidal-Naque, 前掲書（注5）、一七四頁。“C'est par la ruse que, dans le récit de Tite-Live, Horace defait les trois Curiaces”.
(15) 同所。
(16) Dumézil, *Mythes et dieux des Germains*, Librairie Ernest Leroux (Paris), 1939, p.92-106 ; *Les dieux des Germains*, Presses Universitaires de France (Paris), 1969, p.109-113.
(17) Dumézil, *Mythes et dieux des Germains*, p.106 ; “signe, garantie de la valeur acquise dans le combat initiatique”.
(18) 上村勝彦『原典訳マハーバーラタ　5』、ちくま学芸文庫、二〇〇二年、四〇頁。
(19) 同所。
(20) 同右、四一頁。
(21) 上村勝彦訳では、このときのトヴァシュトリの宣言は、こう訳されている。

「私の息子（＝トリシラス）は常に苦行を行じ、忍耐あり、自制し、感官を制御している。彼はその罪もない私の息子を殺した。そこでシャクラ（＝インドラ）を殺すために、私はヴリトラを創造する。世界の者たちは私の精力と苦行の大きな力を見るがよい。あの邪悪な心をした悪党、神々の王も見るがよい」。同右、四三〜四四頁。
(22) 同右、四四頁。
(23) Dumézil, *Aspects de la fonction guerrière chez les Indo-Européens,* Presses Universitaires de France (Paris), 1956, p.72.
(24) 『マハーバーラタ』五、九、二九〜三〇、前掲書（注18）、四八頁。
(25) 同右、四九頁。
(26) Dumézil, *Mythes et dieux des Germains,* p.103.
(27) R. Falcelière et P. Devambez, *Héralès: Images et récits,* Editions E. De Boccard (Paris), 1966, p.117.

第五章

(1) 呉茂一『ギリシア神話』、下巻、新潮文庫、一九七九年、三一頁、には「その謎というのは、朝は四足、昼は二本の足、晩は三本足で歩く者は何か、というのであった」と記されている。
(2) 同所には、このオイディプスがした謎解きのことは、こう説明されている。「そのときオイディプスは出かけて行って、その謎の答えは、人間である、と解いた。つまり赤児の時は四肢で這い、成人しては二本の脚で立ち、老人になっては杖を第三の脚として用いる、というのである」。

吉田敦彦（よしだ　あつひこ）

1934年生まれ。東京大学大学院文学部西洋古典学専攻課程修了。フランス国立科学研究所研究員、成蹊大学文学部、学習院大学文学部教授を歴任。学習院大学名誉教授。専攻：比較神話学。著書『日本の神話』『大国主の神話』『日本神話の論点』『鬼と悪魔の神話学』『ギリシァ悲劇を読む』『オデュッセウスの冒険』『世界の神話をどう読むか』（共著）（以上、青土社）、『日本神話の深層』（大和書房）、『昔話の考古学』（中公新書）、『一冊でまるごとわかるギリシア神話』（だいわ文庫）『ギリシァ文化の深層』（国文社）、『ギリシア神話入門』（角川学芸出版）他多数。

謎解き　ギリシア神話

2014年7月25日　第1刷印刷
2014年8月5日　第1刷発行

著者　吉田敦彦

発行者　清水一人
発行所　青土社
東京都千代田区神田神保町1－29市瀬ビル〒101-0051
［電話］03-3291-9831（編集），03-3294-7829（営業）
［振替］00190-7-192955
印刷製本　クリード

ISBN978-4-7917-6804-2　Printed in Japan